私たち
一人ひとりのための
国際人権法
入門

申 惠丰

影書房

はじめに

　日本で起きているさまざまな人権問題について、国際人権法の視点から光をあて、解決・改善に向けた道筋を指し示すことを試みた前著『友だちを助けるための国際人権法入門』（2020年）は、幸い、中学生や高校生を含むたくさんの読者に迎えられ、役だてていただくことができました。

　前著で扱った問題の中には、性暴力に関する刑法の規定（前著第3章「女性の権利の保護——性暴力から守られる権利」を参照）のように、その後、市民運動の力によって法改正が実現して重要な前進があったものがあり、知識をアップデートする必要が出てきています。前著で扱えなかったテーマに関しても、トランスジェンダーの人の人権をめぐり、性同一性障害特例法の定める手術要件の一部が2023年には最高裁大法廷において全員一致で憲法違反とされ、その判断にあたってはヨーロッパ人権裁判所の判例も参照されるなど、**国際人権法が日本の裁判所による憲法解釈に影響を与えて画期的な判断につながったケースがみられます**。2024年7月3日には最高裁大法廷は、障害者などに対して強制的に不妊手術を行うことを認めていた旧優生保護法は憲法違反だとして国に賠償を命ずる判決を全員一致で下しましたが、この中でも最高裁は、被害救済の必要性について自由権規約委員会と女性差別撤廃委員会が日本に勧告する総括所見を出していたことに言及しています。

　他方では、依然として状況が変わらないことがらも多くあります。また、2020年からのコロナ禍では、非正規雇用の労働者が雇用を打

ちきられて困窮したり、「ステイホーム」の生活の中でドメスティック・バイオレンス（家庭内暴力、DV）が増加したりと、とりわけ女性が深刻な打撃を受ける事態が起こりました。

このような問題については、その背景にある、家庭での家事・育児・介護負担が女性にかたよっている現状や、人が生活を送るうえでそれらがいくら必須の重要な労働であっても現金収入にはならない、という経済的立場の弱さといった問題との連続性もみのがせません。平時からも問題であったことが、コロナ禍ではいっそう顕在化したということです。

人権問題の解決・改善のためには、国の法制度や政策を含めて、その問題をもたらしている背景についても考えてみることが必要ですが、その際にも、（上のような女性の人権の例で言えば）女性差別撤廃条約と同委員会の勧告のような国際人権法は、私たちに、解決の道筋を考えるための大切な手がかりを与えてくれます。**私たち一人ひとりの人権をより良く保障するためにつくられた国際人権法は、私たちが直面する人権問題について、国内の法（憲法や法律）や制度だけを念頭においていたのでは必ずしも得られない大切な視点を提供し、貴重な道しるべとなってくれるのです。**

国際人権法とはどのような法体系かについては、前著の「はしがき」を再掲しますのでご一読ください。本書では、前著の続編として、今の日本で起きている人権問題を中心に、国際人権法の視点を活かしたらどのように考えられるかということを、なるべくわかりやすく述べていきます。日々の報道で見聞きすることや、ふだん慣れ親しんでいる日本社会の状況について、みなさんの中には、これはまっとうな人権感覚からしたらおかしいのではないか、という疑問をもちながらも、その根拠や、どうやって言語化して表現したらよいかがわからず、

結局そのままになってしまう、という方も多いのではないでしょうか。しかし例えば、毎日読む新聞、それも日刊の全国紙に、しばしば、女性をもっぱら性的対象として扱うポルノ写真を売り物にした週刊誌の広告が大々的に掲載されており、一方で同じ頁の上段では、SDGsともかかわって、政治や社会におけるジェンダー平等の目標が語られている……こうした矛盾した状況が「普通」「あたり前」に横行している日本社会の現状は、国際的には決して「普通」「あたり前」ではありません。女性の人権を平等に尊重する社会にしていくためには、普遍的な人権のまなざしから、このような現状も変えていくことが求められます。

　前著同様、影書房の吉田康子さんには大変にお世話になりました。素敵なイラストを描いてくださったはくせんまがりさんにも感謝いたします。

2024 年 7 月　　申惠丰

【再掲】『友だちを助けるための国際人権法入門』（2020 年）
はじめに

◉国際人権法の大事な二本柱、国連憲章と人権条約

　「国際人権法」とは、人権保障に関する国際法で、「国連憲章とそれに基づくシステム」と「人権条約とそれに基づくシステム」とを二本柱とする法体系のことです。

　国際人権法の大きな特徴は、**人種や性などによる差別なく「すべての人」**に対する人権の尊重を前面に打ち出していることです。

　人権は、アメリカ独立宣言（1776 年）やフランス人権宣言（1789 年）で掲げられたときから、本来、すべての人がもつ権利という普遍的な概念です。しかし、実際には、アメリカ独立宣言はイギリスの植民地支配から解放されることを訴えた一方、当時のアメリカには奴隷制がありましたし、フランス人権宣言は生まれながらに身分が決まっている身分制社会を否定した一方、女性に男性と平等に人権を認めることは念頭においていませんでした。奴隷制や奴隷取り引きが違法とされ廃止に向かうのは、19 世紀に入ってからですし、フランスで女性の参政権が認められたのは、ようやく 1944 年のことです。

　今日では、日本を含めほとんどの国が憲法で人権規定をおいており、それに基づいて人権保障が図られています。ただ、日本国憲法の規定をみてもわかるように、一国の憲法に規定される人権は、どうしても、「国民」の権利を中心にしがちです。憲法の教科書の人権のところに「外国人の人権」というテーマが出てくるのもそのためです。

　これに対して、第 2 次世界大戦中にナチス・ドイツが徹底した人種

差別思想に基づいてユダヤ人を迫害し、虐殺した経験を経てつくられた国連は、国際平和の維持を第一の目的としつつ、人権尊重も目的としています。国連憲章は「人種、性、言語、宗教による差別なくすべての人」の人権尊重のための国際協力を国連の目的のひとつに掲げ（1945年の国連憲章）、加盟国にも、そのような人権の尊重のためのとりくみをする義務を課しています。

国連憲章のこれらの規定が、国際人権法の出発点です。1948年には、国連憲章にいう人権の内容を具体化する「世界人権宣言」も国連総会で採択されました。

国連憲章や世界人権宣言の規定は、国がいずれかの人権条約に入っているかどうかとは別に、国連加盟国である限り守らなければならない人権基準と理解されています。国連の人権理事会では、これらを中心的な基準として、加盟国の人権問題について討議されます。

人権条約は、人権保障のための条約（国家間の法的な約束）で、国連で結ばれたものとしては現在9つあります。その他にも、「難民条約」のように、内容的に人権保障と深い関係をもち、広い意味で人権条約に含めてよいものもあります❶。

日本が入っているのはすべて国連の人権条約で（アジアには、残念ながらヨーロッパのように地域の人権条約がありません）、国際人権規約をなしている2つの条約（「社会権規約」❷と「自由権規約」❸）、「人種差別撤廃条約」、「女性差別撤廃条約」❹、「拷問等禁止条約」❺、「子どもの権利条約」❻、「強制失踪条約」、「障害者権利条約」の8つです❼。日本は、難民条約にも加入❽しています。

●国内法による人権保障は万全ではない

国際人権法は、憲法をはじめとする国内法にとってかわるものでは

なく、むしろ、各国の国内法の存在を前提とし、国内法が人権保障のために実効的に機能してくれることを期待しています。そもそも、国内法による人権保障が本当に万全であれば、国際人権法などあえて必要ないともいえるでしょう。

　しかし、**第1次世界大戦後、敗戦で多額の賠償金を課せられ経済が苦境に陥ったドイツで、ヒトラー率いるナチ党（国家社会主義労働者党）が、アウトバーン（高速自動車国道）建設工事などの公共事業や、外敵に目を向ける排外主義的な主張で国民の支持を集めて台頭し、第2次世界大戦に向かっていった経緯は、国内法による人権保障がいかに脆弱になりうるかを物語っています。**

・・・ 注 ・・・・・・・・・・・・・・・・・・・・・・・・・・・・

❶ 難民条約は、「難民」の定義や、難民と認められた人が保障される人権について定めています。他方で、難民条約の適用については、難民問題を扱う国連の機関（国連難民高等弁務官事務所）が監督することになっているので、9つの人権条約のように、それぞれ「委員会」をおき各国の実施状況をチェックするしくみが設けられていません。

❷ 正式名称は「経済的、社会的及び文化的権利に関する国際規約」といいます。

❸ 正式名称は「市民的及び政治的権利に関する国際規約」といいます。

❹ 政府公定訳では「女子差別撤廃条約」ですが、「女子」の部分は英語正文では women です。「女子」というと「女の子」を連想し適切ではないので、一般には「女性差別撤廃条約」と呼ばれています。

❺ 正式名称は「拷問及び他の残虐な、非人道的な又は品位を傷つける取扱い又は刑罰に関する条約」といいます。

❻ 日本政府公定訳では「児童の権利条約」ですが、この条約で child とは18歳未満の人を指します。「児童」というと、日本の学校教育では小学生を指すため、一般には「子どもの権利条約」の訳語が広く用いられています。

❼ 日本が入っていない人権条約が、「移住労働者権利条約」です。

❽ 多数国間の条約は、署名の後に「批准」という手続をすることで正式に入ることになっているものが多く、その場合、条約に入るのは批准のときになります。署名に参加しなかった国が後から入る場合は、「加入」という手続があり、これが、条約に入る手続になります。

第1次世界大戦後のドイツは、ワイマール憲法という、先進的な人権規定を含むすばらしい憲法をもっていました。しかし、ヒトラーが1933年に首相の座についた後、言論や集会の自由など憲法上の基本権を停止する大統領緊急令を発令させたり、ヒトラーに独裁的な権限を与える全権委任法を国会で通過させたりして、憲法の人権保障は次々と無きものにされていったのです。**ヒトラーは、議会で多数決により全権委任法が通過したことで、自分は民主的に権力を握ったと主張し**（実際にはそのとき、共産党や社会民主党など一部の議員は締め出され議会に入れなかったのですが……）、「総統」を名乗って全権を掌握しました。

　ヒトラーは、1925年に出版した著書『わが闘争』で、「最も価値のある人種だけを保存し、ドイツ民族を支配民族とすることがドイツ民族の使命である」といった人種主義の考えを表明していましたが、権力を握るや、ユダヤ人から市民権を奪う法律の制定（1935年のニュルンベルク法）、精神障害者や身体障害者の組織的な殺害、ユダヤ人の強制収容所移送、ガス室での絶滅計画といった恐るべき政策を次々と実行に移していきました。

　このように、**憲法による人権保障や議会制民主主義のプロセスも、機能不全に陥ることがありうるというのが歴史の経験です。**

　政権党である自民党が、大災害などの緊急時には国会の関与なく内閣が閣議で法律と同じ効力をもつ政令を出すことや地方自治体の長に指示することを認める「**緊急事態条項**」を盛り込んだ憲法「改正」の企てを公にしている現在の日本も、そうした歴史の教訓は決して無縁ではないでしょう。

　また、マイノリティは議会制民主主義のプロセスからとくにこぼれ落ちやすい存在ですが、司法が独立していなかったり、政治部門（立法・行政）に忖度していたりすれば、司法による人権救済もできなくなり

ます。

　国内法による人権保障は完全ではなく、機能不全に陥ることや人権を十分に守らないことも往々にしてあるからこそ、人権は国際法上の問題にもなったのです。

●人権条約は、国の管轄下にある「すべての人」への人権保障を求めている

　人権条約は、締約国の管轄（国としての権限ということ）下にある「すべての人」に対して、人権を保障することを定めています。管轄下にある「すべての人」ですから、自国民か外国人かという国籍は関係ありませんし、何らかの理由で国籍がない無国籍の人も対象になります。

　そして、**大事な点として、外国人でしかも入管法（日本に入国又は日本から出国する人に適用される「出入国管理及び難民認定法」）上の有効な在留資格がない（ビザが切れてしまい非正規滞在❾の状態になったなど）人も、日本の「管轄下にある人」です。日本では、条約は法律より上の地位をもち、条約の方が優先しますので、ひとつの法律にすぎない入管法上の地位がどうであれ、人権条約上の人権を国は守らなければならないのです。**

・・・ 注 ・・・・・・・・・・・・・・・・・・・・・・・・・・・・・・・・・・・・・・・

❾ 入管法上は、有効なビザが切れて残留している人は不法残留者であり、不法滞在者です。ただ、そこでいう「不法」は入管法の違反であり、刑法上の犯罪を犯したわけではありません。偽造パスポートでの入国なども、本文のcase 10でみるように、迫害を受けて逃げる難民がやむなく行う場合もあります。難民条約は、難民に対して、不法に入国し又は不法にいることを理由として刑罰を科してはならないと定めています。また、入管法の違反があったとしても、国際人権法上、家族としての権利の保護や、子どもの権利の保護を受けます。そこで本書では、入管法違反の状態での滞在を「非正規滞在」としています。

どうでしょうか。入管法違反の状態にある外国人はまるで何の人権も享受できないかのようなイメージがあるかもしれませんが、国際人権法の視点を入れると、それが大きく変わってきませんか。

外国人の人権は、憲法をはじめとする国内法の視点だけでみていては不十分な分野の典型です。外国人や、外国にルーツをもつ人たちの人権の問題は、拉致問題を理由とした子どもへの差別（高校就学金支援制度からの朝鮮学校除外）、「〇〇人は出ていけ！」のようなヘイトスピーチの横行、アパートを借りようとするときの入居差別など、国の政策によるもの・私人（民間人）によるもの双方を含めて現実に多数起きています。

◉教育を受ける権利や生存権の問題も

また、大学の学費が高くて「奨学金」ローンを借りざるをえず、その返済に苦しんだり、生存権の頼みの綱である生活保護の額がどんどん引き下げられたりなど、私たちの身近にも人権問題はたくさんあります。

人権侵害は、拷問や虐待に遭うといった、人の身体に対する直接の侵害だけではありません。教育を受ける権利や、健康で文化的な、人間らしい生活を送ることができる生存権は、憲法で保障されている人権ですし、社会権規約や子どもの権利条約などの人権条約は、そのような権利を実現するため国が負う義務について定めています。国が、とるべき措置を怠ることや、権利を実現するどころか逆にわざわざ後退させる措置をとることは、これらの人権条約に反するといえます。

このような人権問題も、国際人権法に照らして考えることで、「これはおかしい。変えるべきだ」ということを、根拠をもって主張できるようになります。

この本では、日本社会で共に生きている仲間や友だちを助けるための手立てとなりうる国際人権法について、一緒に学んでみましょう。

世界人権宣言

前文　人類社会のすべての構成員の固有の尊厳と平等で譲ることのできない権利とを承認することは、世界における自由、正義及び平和の基礎であるので、人権の無視及び軽侮が、人類の良心を踏みにじった野蛮行為をもたらし、言論及び信仰の自由が受けられ、恐怖及び欠乏のない世界の到来が、一般の人々の最高の願望として宣言された。〔中略〕

第1条　すべての人間は、生れながらにして自由であり、かつ、尊厳と権利とについて平等である。人間は、理性と良心とを授けられており、互いに同胞の精神をもって行動しなければならない。

国連憲章

われら連合国の人民は、われらの一生のうちに二度まで言語に絶する悲哀を人類に与えた戦争の惨害から将来の世代を救い、基本的人権と人間の尊厳及び価値と男女及び大小各国の同権とに関する信念をあらためて確認し、正義と条約その他の国際法の源泉から生ずる義務の尊重とを維持することができる条件を確立し、一層大きな自由の中で社会的進歩と生活水準の向上とを促進すること並びに、このために、寛容を実行し、且つ、善良な隣人として互いに平和に生活し、国際の平和及び安全を維持するためにわれらの力を合わせ、共同の利益の場合を除く外は武力を用いないことを原則の受諾と方法の設定によって確保し、すべての人民の経済的及び社会的発達を促進するために国際機構を用いることを決意して、これらの目的を達成するために、われらの努力を結集することに決定した。(後略)

目　次

はじめに　3

第1章　学ぶ権利を守る　教育のために予算を充てる国の義務　15

case1　大学に行くために奨学金を借りたが、返済のめどが立たないA
さん　16

第2章　同意のない性交は犯罪
性暴力被害の実情に応じた2023年の刑法改正　35

case2　抵抗して殺されたら、という恐怖で逆らえないまま、意に反す
る性交をさせられてしまったBさん　36

✱コラム①：人権条約に基づく報告制度と個人通報制度　　56

第3章　ビジネスと人権
性的搾取の上に成り立つビジネスは許されない　63

case3　タレント事務所の社長から性暴力を受けたものの、
タレントとして仕事を得るために黙って耐えていたCさん　64

✱コラム②：企業の人権尊重責任は国家から独立したもの
──アンドレア・シェンバーグ　77

✱コラム③：責任ある企業行動として求められる人権デュー・ディ
リジェンスとは──ブレッシング佳純　79

✱コラム④：自分の身体を守るための性教育は、人権教育の一環　83

13

第4章　家事労働のかたよりと女性の権利
経済的・社会的平等と家事労働分担は車の両輪　87

case4　「家事をやってほしければ俺くらい稼いでこい」と夫に言われるDさん　88

第5章　民族的差別を受けない権利
会社による差別をやめさせるには　105

case5　中国人や朝鮮・韓国人を侮蔑する暴言や文書配布が社内でくり返され、そのような職場環境に苦痛を受けている在日コリアンの社員Eさん　106

✱コラム⑤：差別禁止法と国内人権機関　116

✱コラム⑥：公人によるヘイトスピーチや差別発言の問題性　123

第6章　外国人の人権　外国人でも、在留資格がなくても、国が守るべき人権がある　129

case6　在留資格を失ったために入管収容施設に収容された後、体調を悪化させ、病院に連れて行ってももらえずに死亡してしまったFさん　130

第7章　刑事手続における人権
経済安保の名による人権侵害　147

case7　生物兵器に転用可能な機械を許可なく輸出したとして逮捕・起訴され、否認したために約11か月間も勾留された会社社長のGさん　148

✱コラム⑦：ジェノサイドを防止するすべての国の義務　158

索引　163

第1章

学ぶ権利を守る

教育のために予算を充てる国の義務

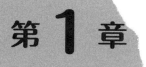

case 1

大学に行くために奨学金を借りたが、返済のめどが立たないＡさん

　ぼくは 26 歳でＡといいます。大学ではもともと好きだった文学を学び、23 歳で卒業しました。進学時、学費を考えて国立大学を第一志望としたのですが不合格だったため、第二志望だった私立大学に進学しました。指導教授や友人にも恵まれ充実した大学生活でしたが、年間平均約 120 万円の学費を家庭ではまかなえず、日本学生支援機構（JASSO）の貸与型奨学金を利用していました。また、大学は自宅から遠く、アパートを借りたので、その家賃や光熱費、食費など生活費が最低でも月 8 万円かかり、その他に本を買うお金も必要で、実家からの仕送りが 5 万円だったぼくは飲食店・家庭教師などアルバイトをかけもちして月 4 万円強を捻出していました。睡眠時間もけずってアルバイトをしていたことから、授業中に寝てしまうことや試験日に体調をくずしてしまうことがあり、結果として 1 年留年してしまって、留年した 1 年間は奨学金を止められていました。留年によって大学には 5 年分の学費を払うことになり、親が別途に借金をするはめになったことが悔しいです。

　卒業の年から奨学金の返済義務が生じ、月 2 万 2 千円ほどの金額を 20 年かけて返済することになりました。ですが、最初に就職した会社でパワーハラスメントにあい、うつ状態になって退職したぼくは、その後、体調が安定しないこともあって正社員の職に就く

ことができず、飲食店やコンビニでのアルバイトで生活しています。その収入から奨学金の返済をつづけることはとても厳しく、何か月か滞納してしまっています。今後本当に返済できるという見通しも立ちません。結婚して家庭をもつといった将来の展望も考えられず、自分の人生に対して絶望的な気持ちになっています。

❖ 若い人たちの人生に重くのしかかる「奨学金」返済

　2023年6月18日の新聞で、「『奨学金返済苦』自殺動機に」という見出しの記事（次頁）が大きく報道され注目を集めました。自殺者の統計が2022年から見直され、原因・動機について新しい項目（奨学金の返済苦、病気の悩み・影響、解雇・雇い止め、過重なノルマ・ノルマの不達成、交際相手からの暴力、ストーカー行為、SNS・インターネット上のトラブル、性的マイノリティであることの悩み・被差別、など）が加えられた（これらを含む75項目のうち4つまでを選択する）ところ、**2022年の自殺者のうち理由のひとつが奨学金の返済苦だったと考えられる人が10人いたことが、警察庁などのまとめでわかった**、という内容です。

　記事によると、奨学金が原因・動機のひとつとされた10人の内訳は、20〜30代の男性6人と、10〜20代の女性4人でした。まだ人生これからという若い人たちが、勉強を応援するためにあるはずの「奨学金」を借り、その返済負担の重みで自らの命を絶ってしまうとは、いったいどうした事態なのでしょうか。しかも、この記事でインタビューに答えている「奨学金帳消しプロジェクト」メンバーの岩本菜々さんは、10人という数は遺書などで明らかになった人だけで、**奨学金返済を苦にして自殺した人はもっと多いはずであり、これは**

「奨学金返済苦」自殺動機に

22年10人 「氷山の一角」指摘

2022年の自殺者のうち、理由の一つとして奨学金の返還を苦しんだと考えられる人が10人いたことが、警察庁などのまとめでわかった。自殺の統計が昨年から見直され、原因や動機に奨学金返還の項目が加わったことで初めて明らかになった。返す必要のない給付型奨学金の拡充などを打ち出しているが、識者や支援者は「いま返還している人への施策が必要」「人数は氷山の一角だ」と指摘する。

国の統計 項目加わる

22年から分類細分化

統計によると、2022年の自殺者数は2万1881人だった。前年から874人増え、2年ぶりの増加となった。

原因・動機については、22年から分類が細分化された。加わったものは「SNS・インターネット上のトラブル」（該当者数は33人）、「性的少数者であることの悩み・被差別」（同31人）、「解雇・雇い止め」（同86人）などがある。

SNSや性的少数者の悩みも

警察庁や厚生労働省によると、原因や動機は、各都道府県警が自殺と判断した事案で、遺書や遺族への聞き取りで分かったものを、「親子関係の不和」「仕事の失敗」といった選択肢の中から選んで分類する。22年からは この選択肢を細分化して新たな項目を作り、52から75に増やして選べる数を最大三つから四つにした。新たな項目として「奨学金の返済苦」が作られ、奨学金が原因や動機の一つとされた10人の内訳は、20～30代の男性6人と、10～20代と40代の女性4人だった。

奨学金利用者の多くは給付型ではなく、借りる必要のある貸与型を利用する。日本学生支援機構（JASSO）で21年度に奨学金を利用した学生数を最大三つ数は148万人。うち、貸与型はおよそ8割を占める。一般的に卒業後の返還期間は12～20年に及ぶ。人によっては、返還額は1千万円前後になる

奨学金返済に取り組むNPO法人「POSSE」（東京）などで電話相談や調査を行う国は、奨学金制度の改革を進める。今年度からは、延滞している人の負担軽減のため、来年度から、月々の返還額を減らせる制度の利用条件を緩和するという。じく来年度からは、大学生らへの給付型奨学金を、中間層の多子世帯や理工農系の学生が

今延滞している人の対応を

奨学金制度に詳しい桜美林大学の小林雅之教授への対応だ。基本的に9カ月延滞すると、延滞した額に加え、延滞金を一括返還しなければいけない。延滞者には返還猶予などの措置が適用されるが、延滞しても少しずつ返せる仕組みがあっていいのではないか。

奨学金返済の負担を訴える声は、近年多く聞かれる。

答、自由記述欄には「うつになり自殺未遂を繰り返した」「自己破産の未来しか見えず、（死にたい）希望念慮にさいなまれている」といった声が集まった。

国は、奨学金制度の改革を進める。今年度からは、延滞している人の負担軽減のため、来年度から、月々の返還額を減らせる制度の利用条件を緩和するという。同じく来年度からは、大学生らへの給付型奨学金を、中間層の多子世帯や理工農系の学生が

いる世帯にも広げる。が、先延ばしになるだけ。延滞者の多くは収入が少ない。将来的な見通しも持てずに精神的に追い詰められているという。さらに、家族や保証人に請求がくることなどを恐れて、自己破産でなく自殺を考える人は多いと指摘。「返還する総額を減らすことを考えてもいいのではないか」と話した。（山本知佳、吉沢英将）

◆悩みの相談先
#いのちSOS
0120・061・338　月、火、金曜は24時間　その他の曜日は午前5時～翌日午前0時
いのちの電話
0120・783・556　毎日午後4～9時
生きづらびっと
LINE @yorisoi-chat
あなたのいばしょ
オンライン相談（https://talkme.jp/）
奨学金問題対策全国会議
03・6453・4390
POSSE
03・6693・5156　火、木曜日の午後6～9時、土日祝日の午後1～5時。相談フォーム（https://forms.gle/2TnvUeZTtt5hjsAB6）もある

「氷山の一角」だと話しています。

実際、記事でも引用されている通り、同プロジェクトがJASSOの奨学金を返済中又は過去に返済した人を対象に行ったアンケートでは、約2,700人の回答のうち約3割が「返還を延滞したことがある」と回答し、自由記述欄には「うつになり自殺未遂をくり返した」「自己破産の未来しか見えず、（死にたいという）希死念慮にさいなまれている」という声が集まっています。

別の記事（「大学授業料 高すぎる」東京新聞2023年3月9日）でも、「どうしても勉強したくて借りたお金だが、これなら高卒で就職した方がまだよかった」（私大卒の非正規職員の女性）、「恋愛はおろか、結婚なんてと考えてしまう」（私立大院修了の正規社員の男性）など、労働者福祉中央協議会（中央労福協）のアンケートに対して切実な声が寄せられたことが報じられています。

◉非正規雇用も増加

Aさんもアルバイト生活ですが、近年の**日本では、パート・アルバイト・派遣社員・契約社員といった非正規雇用の労働者がほぼ一貫して増えつづけ、2023年の統計では2,124万人と、全労働者（5,730万人）の37.1%を占めるに至っています**（厚生労働省「非正規雇用の現状と課題」 https://www.mhlw.go.jp/content/001234734.pdf）。

非正規雇用の労働者は、Aさんのように労働環境や病気のために正社員職をつづけられなくなってしまった人、育児や介護のために限られた時間しか外で働けない人のほか、正規の職に就きたいけれどもそれがないために不本意ながら非正規雇用で働いている人などさまざまですが、全労働者の4割近くを占めるようになっていることからもわかるように、種々の事情で非正規雇用の働き方をすることは今日決

して珍しくありません。問題は、正規労働者に比べ賃金が低く抑えられていることや、契約更新拒否（雇い止め）があるなど雇用自体が不安定であることです。

　JASSO が 2020 年に実施した調査でも、**奨学金返済を 3 か月以上滞納している人のうち 3 割が非正規労働者で、失業・休職中の人も 7 人に 1 人の割合でいたこと、7 割は年収 300 万円未満**だったことがわかっています（「お金は生まれた家次第」朝日新聞 2022 年 6 月 26 日）。そのような経済状況では、返済したくてもできず滞納してしまったのであろうことは想像にかたくありません。延滞すれば延滞金が課され、さらに負債がふくらみます。

　返済に苦しむ人が続出していることから、JASSO は 2014 年度から、延滞金の利率を年率 10％から年率 5％に下げるなどの対策をとっていますが、結局返済できずに自己破産する人も後を絶たないほか、上にみた記事のように、絶望して自殺を考えるという最悪の事態まで起きてしまっています。

❖ 高すぎる学費とお粗末な「奨学金」
教育に対する公的支出が少なく、家計負担が重いために
教育を受ける権利が損なわれている日本

　日本は、大学や大学院などの高等教育の学費が OECD（経済開発協力機構）加盟国でもっとも高い国のひとつで、しかも、賃金があまり上がらない中で、**学費は賃金の上昇率をはるかに上回る率で年々上がりつづけ**ています。

　日本では大学進学者が増加し、2023 年には過去最多の 263 万 2,775 人が大学で学んでいます。そのうち、57 万 6,890 人が国公立大学に在学しているのに対し、私立大学では 205 万 5,855 人と、**大学生**

の78％以上は私立大学に在学しています（文部科学省「令和5年度学校基本調査調査結果のポイント」https://www.mext.go.jp/content/20230823-mxt_chousa01-000031377_001.pdf）。私立の高等教育機関での在籍率はOECD加盟国平均で17％ですので（OECD「Education at a Glance 2022: OECD Indicators　日本」https://www.oecd-ilibrary.org/sites/755b144f-ja/index.html?itemId=%2Fcontent%2Fcomponent%2F755b144f-ja）、日本では私立大学の役割が格段に大きいと言えます。

　私立大学の財政はほとんどを学生納付金に頼っているため、学費は当然高額になります。1975年に成立した私立学校振興助成法は、学校教育において私立学校の果たす重要な役割にかんがみて、第4条で「国は、大学又は高等専門学校を設置する学校法人に対し、当該学校における教育又は研究に係る経常的経費について、その2分の1以内を補助することができる」と定めており、同法が成立した際の参議院文教委員会の附帯決議では「できるだけ速やかに2分の1とするよう努める」とされていました。しかし現実には、私立大学の経常費に占める補助金の割合は1980年度の29.5％をピークに減少の一途をたどり、2015年度にはついに10％を下回っています。

　2023年度の学生一人あたりの公財政支出をみると、国立大学では**学生一人あたり229万円が支出されているのに対し、私立大学の学生はわずか18万円で、国立大学の学生の13分の1でしかありません**（東京私大教連「私立大学新入生の家計負担調査2023年度」http://tfpu.or.jp/wp-content/uploads/2024/04/20240405kakeihutanntyousa2023-1.pdf）。

　初年度には入学料など初年度納付金もあるため、同調査によれば、私立大学受験から入学までにかかる費用は、自宅外通学者は230万2,181円で過去最高額、自宅通学者は162万3,181円でこれも過去

最高額と、家計負担はますます重くなっています。

　他方で、国公立大学の学費も現在は決して安いとは言えず、入学金は国立で約28万円、授業料は国立文系で年間約54万円に達しています（2023年度）。

　にもかかわらず、日本では、公的な給付制（返済しなくてもよい）奨学金が非常に貧弱です。

　かつて、JASSOの前身の「日本育英会」が奨学金事業を行っていたころは、奨学金は貸与制であるものの、教員などの研究職に就いて一定年数勤務した人に対する返済免除の制度があったので、研究職に就くことを奨励し、結果的に給付奨学金となる側面がありました。しかし、小・中・高校の教員が奨学金返済を免除される制度は1998年に廃止され、2004年に日本育英会が廃止され現在のJASSOに組織改編された際には、大学教員への免除もすべて廃止されてしまいました。

　日本は、経済大国と言われますが、教育に対する公的支出はきわめて少なく、国のGDPに占めるその割合において、OECD加盟国の中で例年最下位レベルです。高等教育の学費は67％を家計負担に依存しており、これは、OECD加盟国平均の31％の倍以上です（OECD「Education at a Glance 2022: OECD Indicators 日本」前掲）。

●対象がせますぎる「大学無償化」

　2020年度からは、新たな高等教育修学支援制度として給付奨学金と授業料等減免の制度が導入されましたが、「大学無償化」法という通称で喧伝されたのに反してその対象は狭く、住民税非課税世帯とそれに準ずる低所得者世帯（目安年収は、夫婦と子ども2人〔うち1人が大学生〕の家庭で年収270万円未満。年収380万円未満であれば満額の3分

の1から3分の2を支援）に限定されています。2024年度からは、中間層（年収600万円程度の世帯）への対象拡大として多子世帯や私立理工農系学部進学者への支援も行われるようになりましたが、これも、多子世帯については全額の4分の1を支援する、ただし多子世帯とは扶養される子どもが3人以上の世帯（扶養する子どもが3人以上いる間に、第1子から支援の対象となる）、という条件付きです。

　政府は当初、高等教育修学支援制度の予算を7,600億円と試算していましたが、要件が厳しいために実際の予算額は2024年度で5,438億円と当初予想を大きく下回っており、対象人数は72.7万人にとどまっています（文部科学省「高等教育の修学支援新制度の現状について」2024年3月16日、https://www.mext.go.jp/content/20240314-mxt_gakushi01-000034527_4.pdf）。給付奨学金を受けたいが条件に合わないため申請できず、借金を背負うことに不安を感じながらも貸与型奨学金を借りて進学するほかない人や、Aさんのように生活のためのアルバイトで体を壊す人や勉学に支障をきたす人、進学をあきらめる人、学費のために進学先を本来の希望とは変えた人などが多数おり、学びたい学生が学ぶ権利を実現できていないのが、今の日本なのです。

　自身の奨学金の返済に苦しんでいるようでは、結婚や出産、将来的な子どもの教育、といった人生設計を思い描くのが難しいのは当然でしょう。日本では少子高齢化が急速に進み、少子化対策に政府は躍起になっていますが、少子化の一因は、貸与型奨学金という借金を若い人たちに背負わせて人生設計を縛っていることにある、ということにも思いを致さなければなりません。

❖ 社会権規約は、無償の高等教育を漸進的に 導入するための措置をとることを 国に義務づけている

　日本では、「奨学金」の名目で学生が借金をさせられることがあたり前のようになっていますが、これは、おかしなことではないでしょうか。**能力に応じて等しく教育を受ける権利は、憲法で保障された人権です**（第26条）。

　憲法第26条を受けて定められた**教育基本法も第4条で、「すべて国民は、ひとしく、その能力に応じた教育を受ける機会を与えられなければならず、人種、信条、性別、社会的身分、経済的地位又は門地によって、教育上差別されない。」**として、「経済的地位」によっても教育を受ける機会について差別されてはならないことを定めています。

　なお、最近は企業の中で、社員が負っている奨学金返済負担を肩代わりするところもみられるようになりましたが、そのような動きがあることは、国の責任を免じるものではありません。会社で働く代わりにそのような恩恵を受けられるということは、場合によっては、意に沿わない労働条件であっても受け入れざるをえなかったり、辞めたいと思っても辞められなかったり、という事態につながる可能性もあります。**民間でそのような動きがあることは注目されるとはいえ、憲法で保障された人権を実現する義務を負っているのは国ですから、やはり国が、恩恵ではなく人権の問題として、しかるべき策をとる必要があるのです。**

　そして、憲法だけではなく、国際人権法をみれば、学費の問題について国がとるべき施策はもっと明確です。**日本が批准している社会権規約や子どもの権利条約は、教育についての権利を明確に保障しているだけでなく、漸進的（progressive）に無償化を実現するための措置をとることを国に義務づけている**からです。

> **社会権規約 第2条 【締約国の実施義務】**
>
> **1 項** この規約の各締約国は、立法措置その他のすべての適当な方法によりこの規約において認められる権利の完全な実現を漸進的に達成するため、自国における利用可能な資源＊を最大限に用いることにより〔中略〕措置をとることを約束する。
>
> > ＊ここは、政府公定訳では「手段」と訳されていますが、英語正文では resources で、「資源」と訳すべき語です。
>
> **2 項** この規約の締約国は、この規約に規定する権利が人種、皮膚の色、性、言語、宗教、政治的意見その他の意見、国民的もしくは社会的出身、財産、出生又は他の地位によるいかなる差別もなしに行使されることを保障することを約束する。

●国は教育無償化を漸進的に進めなくてはならない

　社会権規約は、教育についての権利の規定で、初等教育については無償とすることを義務づけつつ、中等教育と高等教育についても、無償教育を漸進的に導入するための措置をとることを国に義務づけています。

　日本は社会権規約を 1979 年に批准しましたが、当初は、ここに掲げた第 13 条 2 項のうち、（b）と（c）に留保を付し、これらの規定の適用にあたっては「特に、無償教育の漸進的な導入により」に拘束されない（＝その部分については義務を負わない）としていました。しかし、2012 年にこの留保を撤回し、第 13 条 2 項（b）・（c）の定める義務をそのまま日本も負うことになりました。

　2009 年 9 月に民主党政権が誕生し、同政権の下で高校授業料の実質無償化、大学の授業料減免比率の引き上げなど中等・高等教育への経済的支援が拡充される中で、この留保も撤回する流れとなったのです（水岡俊一「中等・高等教育の漸進的無償化への道」2019 ～ 2022 年度科研

> **社会権規約 第13条 【教育についての権利】**
>
> **1項** この規約の締約国は、教育についてのすべての者の権利を認める。〔中略〕
>
> **2項** この規約の締約国は、1の権利の完全な実現を達成するため、次のことを認める。
>
> (a) 初等教育は、義務的なものとし、すべての者に対して無償のものとすること。
>
> (b) 種々の形態の中等教育（技術的及び職業的中等教育を含む。）は、すべての適当な方法により、特に、無償教育の漸進的な導入により、一般的に利用可能であり、かつ、すべての者に対して機会が与えられるものとすること。
>
> (c) 高等教育は、すべての適当な方法により、特に、無償教育の漸進的な導入により、能力に応じ、すべての者に対して均等に機会が与えられるものとすること。

費基盤研究 (C)19K02864〔代表者：渡部昭男〕「高等教育における経済的負担軽減及び修学支援に係る法・制度・行財政の日韓比較研究」への寄稿）。留保を撤回しましたので、その後は、日本はこの規定に基づく義務を負っており、無償化を漸進的に進めるための措置をとっていかなければなければならないのです。

2024年5月時点で、東京大学は、物価高で財務状況が悪化したとして授業料を2割値上げすることを検討しています。また、文部科学省の中央教育審議会で伊藤公平・慶應義塾長が3月、国立大学の学費を年間150万円に引き上げるべきだと主張していたことが明らかになりました。2004年に国立大学が法人化されて以降、国からの運営費交付金が年々削減されているため、国立大学の経営が厳しいのは事実です。しかし、それを家計負担増でまかなうことは、社会権規約の

求める内容に逆行しています。日本はもともと高等教育への公的支出が少なすぎ、これを改めることによってむしろ家計負担を減らしていかなければならないのです。

●政治を変える行動も大切

なお、日本では戦後このかたほぼずっと自民党（ないし自公）政権がつづく中で、教育の権利に対して政府は非常に冷淡でしたが、**民主党政権への政権交代があったわずか3年ほどの時期（2009年9月〜2012年11月）の間に、社会権規約のこの留保撤回という重要な展開があった**、という事実も見落としてはなりません。その後また自民党（自公）政権になってしまいましたが、いったん撤回した留保をまた付けるということは政府もさすがに行っていません。

時の政権が人びとの福利や生活を守れなければ、それに対する批判の声を基にして政治変動が起きることは民主主義の原則に立てばあたり前のことで、民主主義国であれば政権交代があることがむしろ健全、ないのが不思議です。**教育の権利をなおざりにし、将来ある若い人たちを苦しめる政治のあり方に対しては、仕方がないとただがまんするのではなく、そのような政治を変えるための行動をしていくことも大切です。**選挙権のある人は選挙には必ず行く（投票率が低いと、自民党が統一教会の選挙支援を受けていたように、組織の方針で投票している人たちの票＝いわゆる組織票の影響力が大きくなってしまいます。「投票しても何も変わらない」のではなく、「投票しないから変わらない」のです！）ことはもちろん、日常の活動の中で、家族や友だちと話をしてみる、問題をくわしく調べてみる、勉強会をしてみる、学校の授業でディスカッションのテーマにしてみる、SNSで発信する、議員に要望を出す、デモに行く、などなど、どんなかたちでもよいので、自分たちの人権

を守る政治が行われることを目指して声を上げていくべきです。**政治は、私たち一人ひとりの人権を守るためにこそあるからです。**

◉子どもの権利条約も高等教育について規定している

　子どもの権利条約は、国が子どもの権利の実現のためにあらゆる措置をとること、教育についての権利のような社会的、経済的、文化的権利についても、国の資源を最大限に用いて実現に向けた措置をとる義務を負うことについて、右の通り規定しています。

　国が利用可能な「資源（resources）」の最たるものは、予算です。人権、とくに教育についての権利のような権利を実現するには、当然ながら、しっかりした予算の裏付けが必要です。子どもの権利委員会は、この４条に関する「一般的意見」として、まさに「予算」をテーマとした内容の意見を採択し、国が子どもの権利のために十分な予算を割く必要性についてくわしく述べています。

　子どもの権利条約は18歳未満の人を「子ども」と定義しています

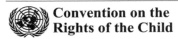

子どもの権利の実現のために国の資源（resources）を最大限に用いることとした第４条について、「公的予算付け（public budgeting）」を標題に子どもの権利委員会が採択した「一般的意見19」

> **子どもの権利条約 第4条 【締約国の実施義務】**
>
> 締約国は、この条約において認められる権利の実現のため、すべての適当な立法措置、行政措置その他の措置を講ずる。締約国は、経済的、社会的及び文化的権利に関しては、自国における利用可能な資源の最大限の範囲内で、また、必要な場合には国際協力の枠内で、これらの措置を講ずる。

> **子どもの権利条約 第28条 【教育についての権利】**
>
> **1項** 締約国は、教育についての子どもの権利を認めるものとし、この権利を漸進的にかつ機会の平等を基礎として達成するため、特に、
>
> (a) 初等教育を義務的なものとし、すべての者に対して無償のものとする。
>
> (b) 種々の形態の中等教育（一般教育及び職業教育を含む。）の発展を奨励し、すべての子どもに対し、これらの中等教育が利用可能であり、かつ、これらを利用する機会が与えられるものとし、例えば、無償教育の導入、必要な場合における財政的援助のような適当な措置を取る。
>
> (c) すべての適当な方法により、能力に応じ、すべての者に対して高等教育を利用する機会が与えられるものとする。

が、18歳未満の段階で高等教育の準備をすることが当然ありますから、第28条で教育についての権利の規定をおくなかで、高等教育を受ける権利についても上のように規定しています。

●貸与型奨学金は、より高い学費を支払わされるようなもの

2020年度から導入された新しい修学支援制度については前述しましたが、これは無償教育を漸進的に導入するうえでたしかにひとつの

前進ではあるものの、対象を非常にせまくしぼった限定的なものです。なんの恩恵も受けられない学生のほうがはるかに多く、貸与型奨学金という、まだ仕事にも就いていない学生の段階から借金を背負わされる制度を利用するほかありません。しかも、「第一種奨学金」（無利子）と「第二種奨学金」（有利子）があるうち、前者は学力基準や家計基準が厳しく、基準がよりゆるく貸与額も多い後者は利子がつき（2024年4月中に貸与を終了した人が基本月額を利率固定方式で返済する場合で1.14%）、借りた額に利子までつけて返済しなければならないのです。同じ大学に通ったとしても、貸与型奨学金を借りた人はより高い学費を支払わされるようなものです。

　また、それまでの国立大の授業料減免制度では各大学が独自の基準で対象者を選んでいたため、中所得世帯の学生も対象になることがありましたが、新制度に一本化されてからは対象からはずれる学生が出ています。

　私立大学についても、以前は授業料減免補助の制度があり、私立大学が経済的に修学困難な学生に対し授業料減免措置などを行う場合にその2分の1以内を国が補助する仕組みがありましたが（家計基準は、主たる家計支持者の給与所得で年収841万円以下）、新制度創設にともなって2020年度予算からは廃止され、中所得者層の学生が国からの支援を突然打ち切られる事態になっています（東京私大教連中央執行委員会「私立大学の授業料減免補助の廃止に断固抗議し、予算措置の復活を求める声明」2019年12月26日）。

　新制度が「大学無償化」を銘打ったわりには、その内実はちぐはぐで問題の多いものと言わざるをえません。学費が徐々に下がっていき、かつ、学びたいすべての学生の権利が実現されるような、本当の意味での無償化の導入をはかっていくべきです。

●教育は権利。国は国費を投じ、権利を保障する義務がある

能力に応じて高等教育を受ける権利は、憲法でも国際人権法でも保障された人権です。すべての人が大学に行く必要はもちろんありませんが、学びたいと希望する人には、その経済的地位にかかわらず等しく機会が与えられなければなりません。加えて、先にみたように社会権規約と子どもの権利条約は、教育の権利の保障のために国の資源を最大限に用いることを定めているほか、社会権規約は高等教育についても漸進的な無償化に向けて措置をとる義務を国に明文で課しています。

経済的理由で高等教育を受けられないことを、仕方ないと言ってただ甘受したり、「自己責任」論で子どもや若い人たちを責めたりするのではなく、**教育は「権利」であり、国はそれに国費を投入する「義務」がある**のだという考えを堂々と主張していくことが必要です。

●教育無償化のために必要な追加予算は年４兆円程度

社会権規約や子どもの権利条約に照らして、教育に充てられる国の公的支出の少なさを検証し改善を求めていくことも重要です。

例えば、日本は紛争解決のために武力を行使することはしないと定めた平和主義憲法を持ちながら、近年、防衛（＝軍事）費を年々増額し、2023 年度から 2027 年度までの 5 年間では 43 兆円という巨額の予算を充てることを決定しています（政府はローンまで組んで戦闘機やミサイルなどの兵器を主に米国から購入しているため、これに加えて 2028 年度以降にローンで支払う額が 16 兆円以上になります。「防衛費 5 年間で大幅増の 43 兆円、実際は 60 兆円近くに膨張　そのわけは……」東京新聞 2022 年 12 月 31 日。本書を執筆している 2024 年 5 月現在では円安が急激に進行し

ていますから、今後、円換算での支払い額はさらに増える可能性があります）。

これに対して文教関連予算は、2024年度予算でわずか4兆563億円です。文科省が2017年に行った試算によれば、小学校入学前の幼児教育から大学までの教育費を無償化した場合、追加で必要になる予算は4兆円程度とされています（「教育無償化、割れる自民 財源は借金『未来への投資』幼児対象、負担は現役世代」朝日新聞2017年5月13日）。

無償化されれば進学希望者が増えて金額はもう少し大きくなるでしょうが、それを措くとしても、追加の4兆円というのは果たして、国がまかなうことが不可能な額でしょうか。**何のために国の資源を使うのかという、予算の使い方における優先順位の問題、政策の問題ではないでしょうか。**

抑止力を高めるとして高額の兵器を買いこんでも、かえってそれが周辺国との緊張関係を招いて軍拡競争や思わぬ衝突を引き起こすことも考えられます。また**現実問題として、子どもを産み育てることが難しく少子高齢化が急激に進み、消滅する市町村が増えつづけ、非正規雇用の増加や年金減額、物価上昇などで貧困・格差も拡大して多くの人が経済的に疲弊している今の日本で、国の限られた財政**（しかも日本は、GDPの2倍を超える巨額の財政赤字を抱えています）**の中で軍事に莫大な予算を充てることは、適切な公財政のあり方といえるでしょうか。**外敵の脅威に備えるために兵器を買うというものの、その実、国民生活は逼迫し、子どもも減りつづけて、国は内側から衰退しているのです（藤田孝典「脅威は暮らしの中にこそ」東京新聞2022年6月1日）。

一方で**教育は、国にとって、国を支えるもっとも根幹的な構成要素である「人」を育てるとりくみであると同時に、人間とりわけ子どもや若者にとっては、人格を形成し、知性や能力を高めて人生において選択の幅を広げ自己実現する鍵となることがらであり、だからこそ人**

権とされているのです。政府が軍事につぎ込んでいる額とも対比しながら、人権保障の観点からみて国の予算をどのように使うことが求められているのか、納税者である私たち自身が考え、意見を言うべきではないでしょうか。

ポイント

★ 日本は大学などの高等教育の学費が OECD 加盟国の中でもっとも高い国のひとつ。教育に対する公的支出はきわめて少ないため、学費の約7割は家計が負担している（OECD 加盟国平均の倍以上）。

★ 2020 年度に導入された修学支援制度は、対象者が非常に限定されている。貸与型奨学金を借りなければならない学生は、卒業と同時に数百万円規模の借金を負うこととなり、それが人生設計に暗い影を落としている。日本の少子化の進行の原因のひとつもここにある。

★ 社会権規約は、高等教育についても無償教育の漸進的な導入を国に義務づけている。

★ 教育は憲法でも国際人権法でも保障された大切な人権。社会権規約と子どもの権利条約は、国の資源（＝その主たるものが予算）を人権保障のために最大限に用いることを求めており、国の予算配分もその観点から検証される必要がある。

第2章

同意のない性交は犯罪

性暴力被害の実情に応じた2023年の刑法改正

case 2

抵抗して殺されたら、という恐怖で逆らえないまま、
意に反する性交をさせられてしまったBさん

　　私はBといいます。今年（2024年）で37歳になる女性です。私は、京都にある高校の常勤講師として勤めていた25歳のとき、職場の懇親会や面談の場などで、同校の責任者だった50代の男性上司から、キスされたり胸を触られたりするようになりました。2012年4月のことです。その年の7月には、その上司と県外に出張した際、車でホテルに連れ込まれレイプされてしまいました。私はその時、自分がどこにいるのかもわからず、逃げることができませんでした。襲われたときも、「抵抗して、相手が逆上し殺されたら……」と思うと怖くて逆らえなかったのです。

　　レイプ被害に遭った翌日、私は刑事告訴しようと思い京都府警に相談に行きました。ですが、「事件化は難しい」と言われ、告訴の受理すらしてもらえませんでした。私はレイプ被害によってうつ病や心的外傷後ストレス障害（PTSD）を発症して休職し、仕事を失うことになりました。

　　あきらめきれず、性暴力を告発する #MeToo 運動にも勇気づけられて、私は2019年に準強制性交等罪（2017年の刑法改正前は準強姦罪）などでの告訴状を提出しました。ですが京都地検は「嫌疑不十分」として不起訴処分とし、結局刑事裁判にはなりませんでした。強制性交等罪（同改正前は強姦罪）では、抵抗できないほどの暴行

又は脅迫があったこと、準強制性交等罪では心神喪失か抗拒不能であったこと、という要件があり、その立証ができないとされたのです。

2023年には刑法が改正され、強制性交等罪と準強制性交等罪が統合されて「不同意性交等罪」になったそうですね。私のようなケースは、今回の改正後は処罰対象になったのでしょうか。

❖「暴行又は脅迫」があったこと（強制性交等罪の場合）、「心身喪失」又は「抗拒不能」であったこと（準強制性交等罪の場合）を要件としていた旧刑法の性犯罪規定

2017年の刑法改正によって、かつての「強姦罪」は「強制性交等罪」に、「準強姦罪」は「準強制性交等罪」になりました。これに伴い、女性だけでなく男性が強制性交の被害者になることもあるとされ、膣性交だけでなく肛門性交や口腔性交も対象になり、被害者の告訴がなければ起訴されない「親告罪」ではなくなった、という重要な変更点もありました。

他方で、以前の刑法の性犯罪規定と本質的に変わらない点がありました。それは、**強制性交等罪が成立するためには、「暴行又は脅迫」によって行われたこと、準強制性交等罪であれば正常な判断能力を失っている「心身喪失」状態か、心理的、物理的に抵抗が著しく困難な「抗拒不能」状態にあったこと、という要件があったこと**です。このため、2017年の法改正後に、一度は断念した刑事告訴に踏み切ったBさんの場合も、刑事裁判で罪を立証するには証拠が足りないという理由で、不起訴になってしまっていました。

Bさんの事例は、実際に起こった太田恵子さんの被害事例を基にし

たものです。太田さんは、この事件をめぐり 2015 年に男性上司と学校法人を相手取って提訴した民事訴訟では勝訴しています（2019 年 6 月 28 日京都地裁判決、確定）。太田さんは、ホテルの部屋で「だめです」と拒んだことを示す録音データや、相談した弁護士や職場の同僚、医療関係者の証言を基に被害を立証し、これに対して裁判所は性行為に同意はなかったことを全面的に認めて、優位な立場に乗じて性的自由を侵害した行為について、男性と学校法人が連帯して賠償金を支払うことを命じたのです（「司法　性暴力根絶の力に　『抵抗の有無』要件撤廃を」東京新聞 2019 年 7 月 21 日）。

　性犯罪について、刑事裁判手続では不起訴となる一方で、民事裁判では違法として被害者が勝訴するという事態は、ジャーナリストの伊藤詩織さんの事件でもありました（「元 TBS 記者からの『合意ない性行為』認定」朝日新聞 2019 年 12 月 19 日、「元 TBS 記者の性暴力認定」東京新聞同日）。

　被害が認定され損害賠償が認められたことは、それ自体は妥当であり評価できますが、他方で、**同意のない性行為という、身体保全の権利や私生活についての権利といった重要な人権の根幹を侵す行為について、国が公的に訴追・処罰対象とする犯罪とはみなされず、被害者がみずから起こす民事訴訟（＝私人間の係争）で不法行為として賠償が認められるだけでは、法制度としてあまりにも扱いが軽すぎます。**

　そのような行為は、公の秩序にかかわる重大な違法行為＝犯罪であり私人間のこととして放置するわけにはいかないこととして、国が刑法によって処罰対象とするべきなのです。

●性犯罪は優越的な立場から、より弱い立場に対して行われやすい

　性犯罪は、政治家などの権力者、有力な取引関係者、会社の上司、父親のように優越的な立場にある者によって、より弱い立場にある人

に対して行われやすいという実態があります。

　世界的には 2017 年に、米国の著名な映画プロデューサーによって性暴力を受けた女優たちが次々と声を上げたことをきっかけに、#MeToo 運動とよばれる社会運動が広がりました。日本でも、2017 年に記者会見を開いて元 TBS 記者から受けたレイプ被害を告発した伊藤詩織さんの訴えや著書『Black Box』（文藝春秋、2017 年）が反響を呼び、一部では被害者の落ち度を指摘するバッシング（それを先頭に立って行ったのが自民党の杉田水脈議員です。国会議員のような公的立場にある人が人権侵害を擁護して被害者をバッシングしたり、差別発言を行ったりすることの問題性については本書コラム④で別途触れます）もあったものの、性暴力に遭ってきた女性たちを中心に広く社会で共感を集めました。

　伊藤さんの事件では、加害者への逮捕状が出ましたが執行されず、書類送検されたものの嫌疑不十分で不起訴となっていました。しかし他にも**日本では、実父による子どもへのレイプ、部活動のコーチによる生徒へのレイプなどが多数起きていること、そのような行為が犯罪としてきちんと裁かれていないことが明らかになってきました。**

●性交同意年齢が低いことの問題

　強制性交等罪や準強制性交等罪では、13 歳未満の人に行った行為は犯罪となる一方、13 歳以上の人については、前者については「暴行又は脅迫」、後者については「心身喪失」又は「抗拒不能」がなければ犯罪が成立しないという問題もありました（性交同意年齢の低さ）。しかもこれらの要件は裁判所によって非常に厳しく解釈されてきたのです。

　2019 年 3 月 26 日には、名古屋地裁が、父親が 19 歳の実の娘をレイプして準強制性交等罪に問われた事件で、学費や生活費の面で精

神的支配下においている娘に対し、中学2年のときからくり返し性交を強いてきたことを認定しつつも、娘が抗拒不能であったとまでは言いがたいとして無罪を言い渡しています。

❖ 被害者や市民の声がもたらした刑法改正

　このような司法判断に対しては、市民の間からも強い疑問の声がわきおこり、作家の北原みのりさんらが呼びかけた「性暴力と性暴力判決に対するスタンディング・デモ」に多くの人たちが集まりました（「性暴力　無罪判決続き疑問」朝日新聞2019年4月17日）。「#MeToo」「裁判官に人権教育と性教育を！」といったプラカードや一輪の花を手に持って人びとが街頭に集まるこのデモは、「フラワーデモ」と呼ばれるようになり、性暴力被害者の切実な声に耳を傾ける人たちが全国のあちこちで老若男女問わず集まる市民運動の場となっていきました。

　上記の判決は2020年3月12日の名古屋高裁判決で覆され、中学2年のころから意に反する性交をくり返しされていたことで娘は抵抗する意思を奪われており、抗拒不能状態にあったことが優に認められるとして懲役10年の逆転有罪判決が言い渡されました。

　高裁判決のこの判断は、意に反する性犯罪を許してはならないという市民社会の抗議の声が社会的に大きく広がったことを背景としたものとみることができます。

◉性暴力への不処罰が続いてきた

　「暴行又は脅迫」、「心身喪失」「抗拒不能」の要件を厳しく問う司法判断も問題ですが、根本的な問題は、言うまでもなく、そのような要件をおき、実際の性暴力被害に対処できずに不処罰のまま放置する

ことにつながっている法律の規定にあります。

2023年度の内閣府調査によれば、女性の8.1%（12～13人に1人）は無理やり性交等をされた経験があり、加害者の9割が顔見知りの人で、警察に相談したケースはわずか1.5%（「男女間における暴力に関する調査」）。「性暴力救援センター・大阪」は、年間の被害女性は6万人から7万人にのぼると推計しています（「年7万人被害　でも法に不備」朝日新聞2019年8月7日）。

性暴力被害者らが2017年に設立した一般社団法人「Spring」の代表理事である山本潤さんらは2019年6月、「不同意」による性交を犯罪とする法案を国会に提出することを求める署名を集めて法務省に提出しました。山本さんは刑法の性犯罪規定の見直しを議論した法制審議会の部会にも委員として加わり、被害者の立場から意見を発信しつづけてきました。山本さんの粘り強い訴えは部会の議論にも影響を与え、下にみる「不同意性交罪等」などを盛りこんだ2023年の刑法改正につながったと評価されています（「被害者の声　社会変えた」毎日新聞2023年6月17日）。

❖ 「不同意性交等罪」「不同意わいせつ罪」を定めた 2023年の改正刑法

2023年6月16日、性犯罪の規定を大幅に見直す改正刑法が国会で成立しました。**改正刑法では、強制性交等罪と準強制性交等罪が統合され、意思に反した性行為が「不同意性交等罪」にまとめられ、名称も要件も改められました（第177条）。強制わいせつ罪も改正されて、「不同意わいせつ罪」に改められました（第176条）。公訴時効も延長され、不同意性交等罪については15年となっています（18歳未満で**

受けた被害については、18 歳になるまでの年月を加えてさらに時効が延長されます）。また、16 歳未満の人に対して、わいせつ目的で懐柔して面会を要求すること（性的グルーミング）を処罰する規定（第182条）が新設されたほか、性的な姿態を撮影する行為を処罰する新しい法律（性的姿態撮影等処罰法）が成立し、「性的姿態等撮影罪」「性的姿態等影像送信罪」などが新設されました。改正刑法と性的姿態撮影等処罰法は同年 7 月 13 日に施行されていますが、後者については、客室乗務員への盗撮行為に悩まされていた航空業界などから歓迎の声が上がっており、機内での乗客向けアナウンスでもさっそく周知されています。

●不同意性交等罪の成立要件

改正刑法では、不同意性交等罪の成立要件として 8 つの行為又は事由（①暴行又は脅迫、②心身の障害を生じさせること又は心身の障害があること、③アルコールや薬物を摂取させること又はそれらの影響があること、④睡眠その他の意識不明確な状態にさせること又はその状態にあること、⑤同意しない意思を表明する暇がないこと、⑥恐怖もしくは驚愕させること、又は恐怖もしくは驚愕していること、⑦虐待による心理的反応を生じさせること又は虐待による心理的反応があること、⑧経済的又は社会的関係上の地位に基づく影響力によって受ける不利益を憂慮させること又はそれを憂慮していること）を挙げ、これらの行為・事由その他これらに類するもの（＝ 8 項目は例示）によって同意しない意思の形成や表明が困難な状態にさせ、又はその状態にあることに乗じて性交をした者は、婚姻関係の有無にかかわらず、5 年以上の有期拘禁刑に処す、と定めています（第177条）。不同意わいせつ罪も同様に、これらの 8 つの行為又は事由によって同意しない意思の形成や表明が困難な状態にさせ、又はその状態にあることに乗じてわいせつな行為をした者は、6 か月以上

10年以下の拘禁刑に処す、としています（第176条）。

●改正法の規定があれば、Bさんの加害者も処罰の可能性

　この改正法の規定であれば、Bさんのようなケースは⑥にあてはまり、不同意性交等罪として処罰することが可能になると考えられます。改正法は施行されたばかりですので、新しい規定の下で、検察がどのように証拠を集めて立証するか、また裁判所がどのように法規定を解釈・適用して妥当な判断を下すか、今後も注意して見守っていく必要があります。

　また、性暴力被害の申告を受け刑事告訴を受理する立場にある警察の側でも、これらの新たな性犯罪規定とその趣旨について徹底した内部研修を行い、事件化できないなどとして被害者に泣き寝入りを迫るような従前の運用を改めることが必須でしょう。

　他方で、不同意性交等罪の規定は16歳未満の人に対する行為を処罰対象と定め、一見、性交同意年齢を16歳に引き上げたように見えるものの（不同意わいせつ罪の規定も同様）、13歳以上16歳未満が被害者の場合は加害者が5歳以上年長の場合のみを処罰対象とする規定になっている（同上）ことは問題です。例えば16歳が13歳にわいせつ行為や性交を行うような事態は十分にありえますが（＝この例では3歳の年長者）、13歳以上であれば、同意があったと言えれば犯罪にならないからです。ですが13〜15歳（＝だいたい中学1〜3年生）という年齢は、性的行為の意味やその結果（妊娠、感染症など）について理解したうえで、自分の意思を形成・表明できる年齢でしょうか？　**子どもの精神的な未熟さを考えれば、絶対的な性交同意年齢（同意の有無にかかわらず、性交させることが犯罪となる年齢）を引き上げ、子どもを守ることが必要です。**今後の課題のひとつでしょう。

❖ 女性に対する性暴力は女性差別であり、国はそれを撤廃する義務を負っている

　性暴力は、男性に加えられるか女性に加えられるかを問わず、一人ひとりの人が自分自身の身体について一身専属的に（＝もっぱらその人だけのものとして）もっている身体保全（physical integrity ないし bodily integrity）の権利を侵害する行為であるだけでなく、性的行為という、私生活の中でももっとも私的なことがらについて本人の意思に反して暴力的になされる、重大な人権侵害です。

　被害者はしばしば、事件後もフラッシュバックに悩まされ、Ｂさんのようにうつ病やPTSDを発症してしまい、その後の人生に大きなダメージを受けてしまう人も少なくありません。人の羞恥心や自尊心を傷つけることで人間の尊厳を奪う効果もあるので、とりわけ武力紛争下では、支配を顕示し敵国民に屈辱を与えるための一種の「武器」として性暴力が横行する実態があります。

　男性も性暴力被害に遭うことがあり、そのような事例については次の章でみていきますが、現実には、日本も含めて多くの国では、女性の社会的、経済的地位が低く女性の自己決定権が尊重されないことを背景として、女性に対する性暴力が広範に起きています。女性差別撤廃条約の下で設置されている条約機関である**女性差別撤廃委員会は、女性に対する性暴力は、女性が女性であるがゆえに加えられている暴力であり、同条約で撤廃が求められている「女性差別」にあたるとして、これに対する積極的な施策を締約国に求めています。**

◉ 「女性差別」とは何か、締約国の義務とは？

　女性差別撤廃条約は第 1 条で、「女性差別」を右頁のように定義し

44

> **女性差別撤廃条約 第1条 【女性差別の定義】**
> この条約の適用上、「女性に対する差別」とは、性に基づく区別、排除又は制限であって、政治的、経済的、社会的、文化的、市民的その他のいかなる分野においても、女性（婚姻をしているかいないかを問わない。）が男女の平等を基礎として人権及び基本的自由を認識し、享有し又は行使することを害し又は無効にする効果又は目的を有するものをいう。

ています。

　そして、第2条では、女性差別を禁止する立法その他の措置をとること、個人によるものも含めて女性差別を撤廃するための適当な措置をとることに加えて、女性の権利を法的に保護し、裁判所その他の公の機関を通じて差別行為から女性を効果的に保護することを国に義務づけています（次頁）。

　女性差別撤廃条約は、暴力について直接に言及した規定をおいているわけではありません。しかし、**女性差別撤廃委員会は、締約国が定期的に提出する報告書を基に各国の条約実施状況を検討する「報告制度」を運用する中で、どの国でも女性に対する暴力が広範に起こっており、それが女性の人権状況に大きな悪影響をもたらしていることを深く理解し、女性に対する暴力を女性差別の一形態として扱うようになりました。**そのことを明確に表明しているのが、委員会が1992年に採択した「一般的勧告19」です。

　現在では、委員会が示したそのようなとらえ方は女性差別撤廃条約の解釈として確立しています（なお、その後、「一般的勧告19」の内容は、2017年に採択された「女性に対するジェンダーに基づく暴力」に関する「一般的勧告35」に引き継がれ、さらに詳細に展開されています）。

女性差別撤廃条約 第2条 【締約国の差別撤廃義務】

締約国は、女性に対するあらゆる形態の差別を非難し、女性に対する差別を撤廃する政策を、すべての手段により、かつ遅滞なく追求することに合意し、及びこのために次のことを約束する。

(a) 男女の平等の原則が自国の憲法その他の適当な法令に組み入れられていない場合にはこれを定め、かつ、男女の平等の原則の実際的な実現を法律その他の適当な手段により確保すること。

(b) 女性に対するすべての差別を禁止する適当な立法その他の措置（適当な場合には制裁を含む。）をとること。

(c) 女性の権利の法的な保護を、男性との平等を基礎として確立し、かつ、権限のある自国の裁判所その他の公の機関を通じて、差別となるいかなる行為からも女性を効果的に保護することを確保すること。

(d) 女性に対する差別となるいかなる行為又は慣行も差し控え、かつ、公の当局及び機関がこの義務に従って行動することを確保すること。

(e) 個人、団体又は企業による女性に対する差別を撤廃するためのすべての適当な措置をとること。

(f) 女性に対する差別となる既存の法律、規則、慣習及び慣行を修正し又は廃止するためのすべての適当な措置（立法を含む。）をとること。

(g) 女性に対する差別となるすべての刑罰規定を廃止すること。

●女性が女性であるがゆえにふるわれる ジェンダーに基づく暴力は「女性差別」

　女性差別撤廃委員会は、「女性に対する暴力」を標題とした「一般的勧告 19」のなかで、「**ジェンダーに基づく暴力（gender-based violence）は、男性との平等を基礎として権利と自由を享受する女性の能力を著しく阻害する、差別の一形態である**」と述べます。女性差

別撤廃条約第1条にいう「女性差別」の定義は、「ジェンダーに基づく暴力、すなわち、女性であることを理由として女性に対して向けられる暴力、あるいは、女性に対して過度に影響を及ぼす暴力を含む」として、女性が女性であるがゆえにふるわれる暴力や、女性に対して過度に大きな悪影響を及ぼす暴力は、条約第1条にいう女性差別にあたる、と明言しているのです。

「女性に対して過度に影響を及ぼす暴力」という箇所は、例えば、レイプされた場合、それによって妊娠してしまうことがあるのは女性だけであることを考えてみればわかるでしょう。

1994年にルワンダで発生し、80万人から100万人が殺されたと言われているジェノサイドの時には、レイプも数多く起こりましたが、それによって妊娠してしまい、出産することになった女性たちも大勢います。その中には、レイプ犯との間の子どもをどうしても受け入れられないと言って、苦しみつづけている女性もいます。性暴力は、その時点で被害者の人権を侵害するだけでなく、とくに女性にとって、その後も過大な悪影響をもたらすのです。

●女性が劣等であるとか定型的な役割をもった存在とみなす態度が、家庭での暴力や虐待につながっている

女性差別撤廃委員会はこの「一般的勧告19」で、ジェンダーに基づく暴力によって、女性が男性と平等に享受することが阻害される権利や自由として、生命の権利、拷問や虐待を受けない権利、武力紛争時に平等な保護を受ける権利、身体の自由と安全に対する権利、法に基づく平等な保護に対する権利、家庭での平等に対する権利、健康に対する権利、公正で良好な労働条件に対する権利、などを挙げています。

そして、より具体的に、**女性が劣等であるとか（家事・育児をし、男性**

に依存し従属して生きるものという）定型的な役割をもった存在とみなす伝統的な態度があることが、家族による暴力や虐待、強制結婚、持参金殺人（結婚の際、これから一生養ってもらう夫側に新婦側が渡す持参金が少なすぎるとして新婦を殺す行為）、酸を使った暴力（交際を断るなどした女性の顔や身体に硫酸などをかけて重傷を負わせ、復讐する行為）、女性性器の切除（純潔のため、女性が淫乱にならないためといった名目で、結婚前の女性や少女の外性器を一部又は全部切り取ってしまう行為）といった、**暴力や強制を伴った慣行を永続化させることになっている**、と指摘しています。

　ここでは世界で実際に起きている恐ろしい性暴力の例にもふれられていますが、「**女性を劣等であるとか定型的な役割をもった存在であるとみなす態度**」が家庭での暴力や虐待につながっている、といった部分などは、日本の現況をみても大いにうなずけるところがあるのではないでしょうか。

◉セクシュアル・ハラスメントも「ジェンダー特有の暴力」

　女性差別撤廃委員会はまた、セクシュアル・ハラスメント（セクハラ）についても、「ジェンダー特有の暴力」として言及し、「女性が、職場におけるセクシュアル・ハラスメントのようなジェンダー特有の暴力を受けた場合、雇用における平等は著しく害される」「そのような行為に異議を唱えることが、採用もしくは昇進を含む雇用関係において不利益になると当該女性が信じる合理的な理由がある場合、又は敵対的な労働環境を創出する場合には、そのような行為は差別となる」と述べています。

　なお、性暴力を行っているのが公務員などの公的立場にある人ではなく一般の私人（民間人）であることは、国が対策のとりくみをしない理由にはなりません。**女性差別撤廃条約は、先に第2条の規定を**

みたように、個人や団体、企業による女性差別をも撤廃するための措置をとることを国に義務づけているからです。

　締約国は、適切な立法措置（法律の制定や改廃）をとることによって性暴力を含む女性差別を防止するとともに、発生した場合には、裁判所をはじめとする公的機関を通して女性の権利を法的に保護する義務があります（第2条(c)も参照）。

　女性差別撤廃委員会はこのような観点から、これまでの日本政府報告書審査でも、日本に対する「総括所見」で、性暴力に関する刑法規定の改正についての勧告をしてきました（例えば、日本政府の第7回及び第8回報告審査後の、日本に対する2016年の総括所見で、当時の刑法改正の議論を注視しつつ、強姦罪の定義の拡張、強姦罪の法定刑の下限引き上げ、配偶者による強姦罪成立の明記などを勧告していました。日本学術会議「提言『同意の有無』を中核に置く刑法改正に向けて——性暴力に対する国際人権基準の反映」2020年も参照。配偶者間でも不同意性交が罪に問われうることは、2023年の改正刑法の不同意性交等罪で明記されるに至っています）。

●ポルノのまん延は、女性を従属物とみる態度の現れ。性暴力の一因にもなっている

　また、女性差別撤廃委員会の「一般的勧告19」では、「**女性が劣等であるとか定型的な役割をもったものとみなす伝統的な態度**」があることが女性への性暴力の永続化につながっているとした箇所で、ポルノグラフィー（ポルノ）のまん延やその他の性的搾取についてふれていることも注目されます。

　委員会は、そのような態度は「**ポルノの拡大、及び、女性を個人としてではなく性的対象物として描くことやその他の女性の商業的搾取**

の一因になっている。それがまた、ジェンダーに基づく暴力の一因になっている。」と指摘しているのです。

日本では、若い女性が下着姿で性的な姿態をとっているグラビア写真を売り物にした週刊誌の広告が、朝日新聞や日本経済新聞といった日刊の全国紙の紙面を含め、メディアで大々的に掲載されることは日常的です。駅の売店や電車内の吊り広告など、私たちが日常的に利用する公共の場にも、そのような雑誌や広告があふれています。みなさんはそのような広告を見てどのように感じますか。

そのような広告は、男性（かつ異性愛者）をターゲットとして歓心をそそろうとするものですから、男性の多くは面白く見ているのかもしれませんし、女性の中にも、グラビアアイドルの写真を見て「きれいだな」などと思うという人もいるかもしれません。被写体の人たちも、グラビアでデビューして有名になりたいなどの動機・考えがあって撮影と掲載に同意しており、その限りでは本人たちにとっては問題ないのでしょう。ですが、下着姿で性的な姿態をとる女性の写真がこのようにメディアで日常的に、大々的に宣伝されるというのは、何を意味し、またどのような効果をもつのでしょうか。

それは、女性をもっぱら男性の性的対象物として扱う題材を商業的に流通させることであり、女性差別撤廃委員会が喝破したように、女性を（独立した人格をもち男性と同じ権利をもった存在としてではなく）男性にとって都合の良い従属物とみなす考え方の上に立った、女性の商業的性搾取なのではないでしょうか。

そして、下着姿の女性の性的姿態をもてはやす広告や記事を毎日のように見せつけられつづけていることは、女性の地位に対する私たちの感覚をおかしくさせ、女性を見れば常に性的なことを連想してしまったり、「女性は若くて肉体的に魅力がなければ価値がない」とみ

なしたりといったように、日本社会全体の人権意識にもネガティブに作用しているのではないでしょうか。

　日々見るメディアに、そのような広告が日常的に載っているなかでは、職場その他周囲にいる女性を性的対象として見てしまい、場合によってはセクハラやわいせつ行為などの性暴力をはたらいてしまうということも、十分にありうることです（ポルノの流布を通じて**女性の安全感がおびやかされ、女性蔑視や女性差別が増進される**ことなどの問題については、C. A. マッキノン（ポルノ・買春問題研究会編）『キャサリン・マッキノンと語る──ポルノグラフィと売買春』（不磨書房、2003年）も参照してください）。

●「児童売買、児童買春及び児童ポルノに関する選択議定書」での 「児童ポルノ」の定義

　ネット上ではさらに過激な内容の記事や広告があふれています。また日本では、女性や少女の性的部位を露骨に強調して描くアニメも公共の場で多く出回っています。実は、**日本も批准している、子どもの権利条約に付属する条約のひとつ「児童売買、児童買春及び児童ポルノに関する選択議定書」（次頁）では、「児童ポルノ」を「現実のもしくは擬似のあからさまな性的な行為を行う子どものあらゆる表現（手段のいかんを問わない。）又は主として性的な目的のための子どもの身体の性的な部位のあらゆる表現」**と定義しています（第2条 (C)）。

　しかし、日本の法律（「児童買春、児童ポルノに係る行為等の規制及び処罰並びに児童の保護等に関する法律」）では、規制対象は「写真、電磁的記録に係る記録媒体その他の物」のみで（第2条3項）、アニメやCGは対象外となっているのです。

　こうして、本来はこの議定書によって、子どもの権利を守るため、

> **児童売買、児童買春及び児童ポルノに関する選択議定書**
> **第2条**　この議定書の適用上、
> (a)「児童の売買」とは、報酬その他の対償のために、児童が個人も
> 　　しくは集団により他の個人もしくは集団に引渡されるあらゆる行
> 　　為又はこのような引渡しについてのあらゆる取引をいう。
> (b)「児童買春」とは、報酬その他の対償のために、児童を性的な行
> 　　為に使用することをいう。
> (c)「児童ポルノ」とは、現実のもしくは擬似のあからさまな性的な
> 　　行為を行う児童のあらゆる表現（手段のいかんを問わない。）又は
> 　　主として性的な目的のための児童の身体の性的な部位のあらゆる
> 　　表現をいう。

　選択議定書第2条にいう「あらゆる表現」を対象とした規制をしな
ければならないのに、アニメなどは野放しにされています。日本では
学校教員や塾の教員などによる学生・生徒への性暴力も非常に頻繁に
起きていますが、これも、ポルノや性的アニメのまん延と無関係では
ないとみるべきです。

●製造や販売が禁じられるべき 「子どもの性虐待マテリアル（CSAM）」

　本来、「児童売買、児童買春及び児童ポルノに関する選択議定書」
第2条 (c) にいう、性的行為を行い又は主として性的な目的のための
子どもの身体の性的な部位の「あらゆる表現」は、製造や販売が禁じ
られるべきものです。子どもの権利委員会はこれらの表現を「子ども
の性虐待マテリアル（child sexual abuse material, CSAM）と呼び、「児
童ポルノ」というよりも、「ポルノ行為・題材において子どもを使用す

ること」、「子どもの性虐待マテリアル」、「子どもの性的搾取マテリアル」と呼ぶことを推奨しています（同議定書の実施に関するガイドライン、UN Doc. CRC/C/156）。

　女性差別撤廃委員会は、日本政府の第7回及び第8回報告審査後、日本に対する2016年の総括所見で、女性や少女を性的対象物として描写するメディアを含め、女性の定型的な役割に関する態度が、女性や少女に対する性暴力につながっていることを次頁のように詳細に指摘しています。

　これらの懸念と勧告は、今の日本の現状をみれば、十分に傾聴に値するものではないでしょうか。

　商業的性搾取は、次の章でみる「ビジネスと人権」の観点からも大いに問題になることです。国連「ビジネスと人権指導原則」が明記しているように、企業は、その事業活動において、ただ所在国の国内法を守っていればよいのではなく、「国際的に認められた人権」を尊重する責任があります。

　国内法の規制が緩いからといって、企業はそれに甘んじているべきではなく、その事業活動や製品によって「国際的に認められた人権」に負の影響をもたらしていないかどうかということを自ら点検し、負の影響があれば対処しなければなりません。日本で通用している現実があたり前だと思うのではなく、これは私たち一人ひとりの人権という視点でみればおかしなことなのだ、と気づく視点をもち、国際人権法は、国内でまん延している残念な状況に対しても、それを変えていくために大事な原理原則や具体的な考え方の筋道を提示してくれているのだ、ととらえてみましょう。

固定的な性別役割分担及び有害な実践

（女性差別撤廃委員会、2016 年日本政府への総括所見より）

委員会は、家族と社会における女性と男性の役割と責任についての頑強な家父長的な態度と根深い固定的な性別役割分担について、引き続き懸念する。委員会は特に次のことを懸念する。

(a) これらの固定的な性別役割分担の頑強さが、メディアや教科書に反映され続け、教育的選択や女性と男性との間での家庭内での責任の分担に影響を及ぼしていること。

(b) メディアはしばしば、女性と少女を性的対象物として描写することを含め、固定的な性別役割分担的な方法で描写していること。

(c) 固定的な性別役割分担は、女性に対する性暴力の根本的原因であり続け、ポルノグラフィー、ビデオゲーム、アニメ（マンガなど）が女性や少女に対する性暴力を促進していること。〔中略〕

委員会は、前回の勧告をくり返し述べ、締約国に次のことを促す。

(a) 女性と男性の伝統的役割を強固にする社会的規範を変え、女性と少女の人権を促進する肯定的な文化的伝統を促進するとりくみを強化すること。

(b) 差別的なジェンダーステレオタイプ（社会的・文化的に形成された性別による固定的な役割分担）を悪化させ女性や少女に対する性暴力を補強するポルノグラフィー的な素材、ビデオゲーム、アニメーションの生産と流通を規制するよう、既存の法的措置やモニタリング・プログラムを効果的に実施すること。

(c) 差別的なジェンダーステレオタイプ（社会的・文化的に形成された性別による固定的な役割分担）を撤廃するよう、教科書や教材を見直すこと。〔後略〕

ポイント

★ 2023年の改正刑法は「不同意性交等罪」を設け、性犯罪の成立要件を改めて、同意のない性交を処罰対象とした。ただし、絶対的な性交同意年齢がまだ低すぎるなどの問題が残っている。

★ 女性が女性であるがゆえにふるわれる暴力は、女性差別撤廃条約にいう「女性差別」にあたるという解釈が、女性差別撤廃委員会によって確立されている。

★ 女性を性的対象物として描くポルノやアニメのまん延は、女性を男性の従属物とみる態度の現れ。ポルノや性的アニメはまた、それが性暴力の一因にもなる。日本の状況はこの点で、女性差別撤廃委員会から詳細な懸念と改善勧告を受けている。

コラム① 人権条約に基づく報告制度と個人通報制度

これまでの章ではすでに、子どもの権利委員会や女性差別撤廃委員会のような、人権条約の委員会が出している「総括所見」や「一般的意見（条約によって「一般的勧告」）が出てきました。ここで、人権条約の下で運用されているこのような制度について整理しておきましょう。

❖「総括所見」や「一般的意見（一般的勧告）」は、条約の規定の内容を具体化したもの

人権条約では、条約に入った国（締約国）が条約を守っているかどうかをチェックするための制度があります。日本が入っているような国連の人権条約では、それぞれの条約の下におかれた委員会が、各国が定期的に出す政府報告書を対面で審査する**報告制度**が、基本的なものです。

報告制度では、委員会は、各国の政府報告書の審査後、その国の人権状況についての懸念事項や勧告を述べた**「総括所見」**（＝まとめの所見）を出します。

「総括所見」は、委員会が個別の国に対して出すものですが、このほかに、委員会は随時、多くの国の報告審査を

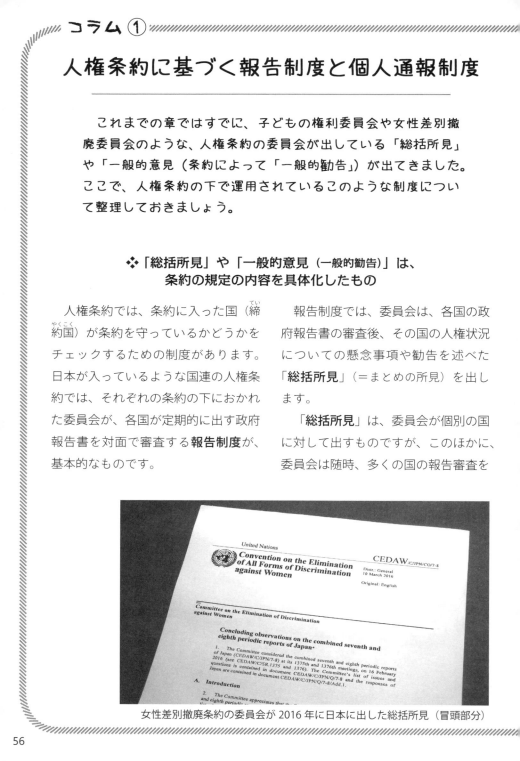

女性差別撤廃条約の委員会が 2016 年に日本に出した総括所見（冒頭部分）

した経験と知見の蓄積をふまえて、その条約のすべての締約国に宛てた「**一般的意見**（条約によっては「**一般的勧告**」）を出します。これは、条約の規定の意味内容を委員会が具体的に明らかにして、締約国すべてに対して注意を喚起するものです。例えば、第2章でみた女性差別撤廃委員会の「一般的勧告19」がその例で、女性が女性であるがゆえに受ける暴力や女性が過度に悪影響を受ける暴力は、条約にいう女性差別にあたる、という内容を敷衍し、女性差別について締約国がとりくむ必要があることがらを明確化しました。

各人権条約の委員会が、日本に対して出した「総括所見」の日本語訳は、**外務省ウェブサイトの「人権」の頁**や、**日本弁護士連合会の「国際人権ライブラリー」**など、ネット上で読むことができます。締約国すべてに向けて出された「一般的意見・勧告」の日本語訳

も、国際人権ライブラリーに載っているものがあるほか、女性差別撤廃委員会の「一般的勧告」については、**内閣府男女共同参画局**のウェブサイトで見られます。

人権条約機関の「総括所見」「一般的意見・勧告」のような国連文書は、原文は国連の公用語で書かれており、日本語訳はあくまで仮訳という位置づけですので、正確を期すためには原文にあたることが必要な場合もあります。**国連の人権条約機関のデータベース** UN Treaty Body Database（https://tbinternet.ohchr.org/_layouts/15/TreatyBodyExternal/TBSearch.aspx）では、各条約の委員会が出した総括所見（concluding observation）や一般的意見・勧告（general comment/recommendation）、その他の文書を、プルダウンメニューで検索して英語で読むことができます。

❖「総括所見」や「一般的意見・勧告」は 裁判でも引用し主張することができる

「総括所見」や「一般的意見・勧告」の中には、条約の規定をどう解釈・適用するかについて、参考になる重要なことがらが含まれていますので、**裁判でも、当事者は、条約の規定とあわせ**て、**これらを引用して主張することができます。**裁判所も、条約の規定に加えて、これらも考慮に入れて、判断を下すことがあります。

最高裁大法廷は、日本国籍の取得に

コラム ①

ついて**婚外子**を差別する国籍法の規定に関する 2008 年の判決と、相続の取り分について婚外子を差別する民法の規定に関する 2013 年の決定で、自由権規約と子どもの権利条約には子どもに対するいかなる差別もあってはならないという規定があることも挙げて、それら法律の規定を憲法第 14 条 1 項（法の下の平等）違反と判断しました。**最高裁は、それらの法律の規定が憲法違反という判断をするにあたり、人権条約の規定を参照した**のです。人権条約の人権保障は、憲法による人権保障を補完する、プラスアルファのものと言えますから、憲法の人権規定を解釈・適用するにあたっても、人権条約の内容を活かすことができるのです。そして、このうち **2013 年の決定では最高裁は、自由権規約委員会や子どもの権利委員会が日本への「総括所見」でくり返し、婚外子への相続分差別に対する懸念を述べていたことにもふれた**のです。

また、2024 年 7 月 3 日の旧優生保護法違憲判決でも最高裁は、強制不妊手術の被害者に対して法的救済をすべきことを、自由権規約委員会と女性差別撤廃委員会が「総括所見」で日本に勧告していたことにもふれて、国に賠償を命じました。

❖ 個人通報制度では、委員会が個別の通報事案に条約規定をあてはめて判断することを通して条約解釈が発展

国連の人権条約では、上にみた報告制度が基本的な制度としてどの条約にもおかれていますが、**加えて、選択的（オプショナル）な制度として個人通報制度も、現在ではすべての条約におかれています**。選択的制度となったのは、これも義務とされることに消極的な国もあったためですが、例えば自由権規約では 2024 年現在、自由権規約の締約国 173 カ国のうち 117 カ国が、付属の選択議定書による個人通報制度も受け入れており、自由権規約委員会は多くの通報を審査してきています。

国が個人通報制度を受け入れていれば、その国によって条約上の人権を侵害されたと主張する個人が、委員会に手紙を送って申し立てをすることができます。

個人の国籍は関係なく、その国の「管轄下」にある個人が人権を侵害されたという場合に、まずはその国で使える救済手段（不服申し立て、裁判など）を

したうえで（国内救済原則と言います）、委員会に申し立てすることが可能です。日本は個人通報制度にひとつも入っていませんので、日本の管轄下にある個人はこの制度をまだ使えませんが、個人通報制度に入っている国で日本人がこの制度を利用したケースはあります。オーストラリアに麻薬を持ち込んだ疑いで逮捕され刑事裁判にかけられた日本人が、通訳の不備などで自由権規約第14条の「公正な裁判を受ける権利」を侵害されたとして、オーストラリアによる人権侵害を申し立てた事案です（メルボルン事件）。

　日本は、自由権規約の個人通報制度を含め、国連の人権条約すべてに備わっている個人通報制度をまだひとつも受け入れていません。民主党政権の時期には、マニフェストの中に個人通報制度受け入れが挙げられていたのですが、実現されないままになってしまいました。

　個人通報制度をひとつも受け入れないということは、自国の事案が人権条約機関によって国際的な場で検討されることに対する政府の後ろ向きの姿勢を示すもので、とても残念です。個人通報制度といっても、もちろん委員会は、個人の申し立てだけを見て判断するのではありません。当事国からの情報や所見も聴いて事実関係を確認したうえで、条約違反があったかどうかという「見解（views）」を出すのです。委員会に対しては国の主張を提出できますので、その意味で、日本もこの制度の運用に参画できることになるのです。

❖ 個人通報事案の委員会「見解」は条約の「先例法理」を形成する

　他方で、日本が個人通報制度を受け入れていない現在でも、個人通報制度で出されている委員会の「見解」は日本にとって決して無関係ではありません。**他国に関する個人通報の事案で問題になっていることがらも、日本も入っている人権条約本体の規定の解釈・適用の問題にほかならないからで**す。

　実際、人権条約の委員会は、すべての締約国に向けて出している「一般的意見・勧告」の内容もふまえ、個人通報事案ではしばしば具体的にそれにも言及しながら、条約規定の解釈をあてはめて結論を出しています。そして、**委員会が個人通報事案で出した「見解」**

59

コラム ①

は、条約の解釈についての「先例法理」を形づくっていきます。上述した国連の人権条約機関データベースでは、個人通報制度での委員会の見解は、「先例法（jurisprudence）」の欄で検索します。委員会は裁判所ではないので「判例」とは言わないものの、個別事案で事実認定をふまえて法的判断をしているという意味では判例に準じた、「先例」を蓄積しているからです。

「他国の事案だから関係ない」のではなく、条約の規定がどのように理解されているのかという、条約上の義務にかかわる問題として、日本で起きている人権問題にも当てはめて考えるべきことです。

日本の裁判所での裁判でも、人権条約の個人通報制度で積み重ねられている先例法理は、「自由権規約の規定は、委員会によってこのように解釈されている」というかたちで、主張の中で使うことができ、裁判所も参照することがあります。

例えば、かつての外国人登録法に指紋押捺制度があったころ、日本に定住している在日韓国・朝鮮人までも指紋押捺を強制されることが自由権規約第7条の禁ずる「品位を傷つける取扱い」にあたるかどうかが問題となった裁判で、大阪高裁が、自由権規約委員会が

「一般的意見」や個人通報制度の事案の「見解」の中で「品位を傷つける取扱い」をどのように解釈しているかを参照して、第7条を解釈したものがあります（1994年10月28日大阪高裁判決）。

大阪高裁はこの裁判で、外国人一般に指紋押捺を求めることは必ずしも違法と言えないものの、歴史的経緯をもって長年日本に定住している在日韓国・朝鮮人に対して指紋押捺を要求することは、「品位を傷つける取扱い」にあたるおそれがある、と判断したのでした。

弁護士の方々は、日本弁護士連合会（日弁連）の活動として、人権条約の報告制度で日本政府が報告書を提出する際に、政府が述べていない人権問題について民間団体の立場から指摘をする「カウンターレポート」を委員に届けて報告審査の一助としたり、実際に報告審議のもようを現地で傍聴・記録して出版したりして、報告制度でも多大な貢献をしていますが、個人通報制度についても積極的な研究を進めています。

日本で起きているさまざまな人権問題にとりくむにあたり、**日本の憲法や法律についての従来の考え方だけでは打開が難しい時にも、国際人権法の充実した内容（とりわけ、個人通報事案で**

人権条約の規定が実際にあてはめられて**使われた先例）は、貴重な手がかりを与えてくれることが多い**からです。各地の弁護士会によって、日本の個人通報制度参加を目指したシンポジウムやセミナーの開催なども活発に行われています。最近は、そのような弁護士の方々が重要なケースを選んで要約・解説した、個人通報研究会編『国際人権個人通報150選』(現代人文社、2023年)という実践的な書物も出版されています。

　もし日本でも個人通報制度が使えれば、人権を侵害されたと考える個人は、国内で使える救済手段を尽くした後に、条約の委員会に申し立てを行うことができるので、裁判所にとっても、「日本の裁判所が下した判断は、条約の保障する権利を守るものではなかった」などと後で委員会の見解で言われないように、人権条約の規定をきちんとふまえた判断をする誘因になるはずです。近い将来、もし日本で個人通報制度が使えるようになれば、日本の法制度やその運用に対して、国際人権法の考え方を入れて見直すための大きな刺激になるでしょう。

❖ ヨーロッパ裁判所の判例法も、日本の裁判所で参照されている

　なお、国連の人権条約と別に、地域でつくられている人権条約のひとつに、**ヨーロッパ人権条約**があります。この条約の下では、**ヨーロッパ人権裁判所**という裁判所が設けられており、ヨーロッパ人権条約の締約国の管轄下にある個人で人権侵害を受けたと主張する人が、ヨーロッパ人権裁判所に提訴することができる制度があります。個人通報制度でもさらに本格的に、国際裁判所によって審理されるものです。

　ヨーロッパ人権裁判所は、事件を審理して、条約違反があったかどうかについての判決を下します。ヨーロッパ人権裁判所の判例は膨大な数にのぼり、ヨーロッパ人権条約の解釈についての重要な判例法理（jurisprudence）を積み重ねています。

　ヨーロッパ人権条約はヨーロッパ地域の条約で日本が入れる条約ではありませんが、この条約の内容は自由権規約と非常に類似しているため、ヨーロッパ人権条約を解釈したヨーロッパ人権裁判所の判例は、自由権規約の類似の規定の解釈にあたっても大いに参考になります。

　最近では最高裁大法廷も、トランスジェンダーの人が戸籍上の性を変更す

61

コラム ①

るには性同一性障害特例法により生殖能力をなくすことが必要とされ、精巣や卵巣を取り除く手術を受けることが事実上の要件となっていることについて、2023年10月25日、自らの意思に反して身体を傷つける侵襲を受けない自由は幸福追求権を定めた憲法第13条で保障されているとしたうえで、国際的にも、ヨーロッパ人権裁判所の判例でそのような要件は人権侵害であり違法とされている、ということに言及しました。

国際人権法はこのように、日本で生起しているさまざまな新しい人権問題についても、普遍的な人権問題としての観点から、望ましい解決の道筋を指し示してくれているのです。

(申 惠丰)

第3章

ビジネスと人権

性的搾取の上に成り立つビジネスは許されない

case 3

タレント事務所の社長から性暴力を受けたものの、
タレントとして仕事を得るために
黙って耐えていたCさん

ぼくはCといい、38歳の男性です。男性タレントグループに憧れ、オーディションを受けて13歳で大手芸能事務所に入りました。入所後、歌やダンスのレッスンのための合宿中、事務所社長の男性に呼び出され、部屋に招き入れられて、一緒にお風呂に入ることや横で寝ることを促されました。お風呂では下着を脱がしてくれたり身体を洗ってくれたりして、ずいぶん親切だなとは思いましたが、そのようなことを人にされたことがないので戸惑いました。それから横の布団で寝ようとしたら、下着を下ろされ、性器を口淫されました。ぼくは性経験がなかったので、何をされているのかわからず混乱して、拒絶することができませんでした。このことがあって以降、ぼくはドラマのレギュラーのポジションを与えられ、明らかに待遇が良くなりました。その後も、社長の自宅に泊まるように言われ、口淫したりさせられたりということがつづきました。半年間で10回以上あったと思います。ぼくは、この事務所を通して仕事を得るためにはと思ってがまんしていたのですが、気持ち悪くて耐えられなくなり、15歳で事務所を辞めて、芸能活動も止めました。

それから25年ほどたちますが、10代でこのような経験をしたこ

とはトラウマとなって残っています。あのとき抵抗できなかったから何をやってもだめなんだ、というふうに自尊心が破壊されてしまいましたし、いまだに人と性的関係をもつことに嫌悪感があります。男性はもう亡くなっていますが、事務所に責任はないのでしょうか。また、他にも被害者は多くいて、知っている人は社外にもいたはずですが、タブーのようでみな、口をつぐんでいました。事務所の取引先も、ぼくたちタレントを使ってきた側として、事務所に申し入れなどしてくれてもよかったのではないでしょうか。

❖ ジャニーズ事件の衝撃、そして 海外メディアの報道で事件が表面化したという事実

　これは、2023年に日本で大きく表面化した、ジャニーズ事務所の故ジャニー喜多川氏による性暴力事件で、被害を告発した人の証言をもとに構成したものです。

　数々の有名タレントを輩出している日本の代表的な芸能事務所で起きていた性加害の事実は生々しく、衝撃的でしたが、それと並んで衝撃的なのは、**これほど長い間、多くの被害者を生んできた人権侵害が、当の日本ではこのときまでとくに注目を集めず、2023年3月7日に英国の放送局BBCがドキュメンタリー「J-POPの捕食者——秘められたスキャンダル」を放送した後にようやく、一躍注目を集めるようになったという事実**です。

　実は1980年代後半以降、元所属タレントらが書籍で被害を告発しており、1999年には『週刊文春』が10人以上の証言を伝える記事を連載していました。これに対しジャニーズ事務所側は『週刊文春』側を名誉毀損で提訴していましたが、東京高裁は2003年7月、被

害者の訴えの重要な部分について真実と認められる、としていたのです。ですが、このときは日本のメディアでは大きく報道されておらず、被害がその後もつづきました。

　BBCは、丹念な取材に基づくこのドキュメンタリーの中で、喜多川氏による長年にわたる少年への性的虐待について、『週刊文春』の報道やその内容を真実と認定した東京高裁の判決があったにもかかわらず報道してこなかった日本のマスコミや、喜多川氏の加害についての疑惑に答えてこなかったジャニーズ事務所の態度についても取り上げています。

　この番組は、オンラインで日本語字幕付きで公開されて日本国内でも大きな反響を呼び、複数の事務所出身者が、かつて自分が受けた虐待について相次いで公表する事態になりました。5月14日にはジャニーズ事務所が、藤島ジュリー景子社長による謝罪の動画と書面を公開。事務所が設けた外部の有識者による「再発防止特別チーム」は、8月に調査報告書をまとめて提出し、「古くは1950年代に性加害を行って以降、ジャニーズ事務所においては、1970年代前半から2010年代半ばまでの間、多数のジャニーズJr.（所属タレント）に対し、性加害を長期間にわたり繰り返していたことが認められる」こと、被害者の数については「少なく見積もっても数百人の被害者がいるという複数の証言が得られた」と発表しています。その後、同事務所は「SMILE-UP.」（スマイルアップ）と社名を変更し、同社が設置した被害者救済委員会が、被害の事実確認を終えた人に補償について連絡を始めたと報じられています。

　このBBCのドキュメンタリーでは、キャスターが喜多川氏の行為について日本の一般市民にインタビューするなかで、芸能界にデビューできるなら、自分だったらそのくらいのことはいとわない、と

いう内容の回答も複数あり、それに対してキャスターが、「信じられない、**これは子どもへの性的虐待の問題**なのに……」とショックを受けて涙ぐむ場面も出てきます。このドキュメンタリーは引きつづきネット公開されていますから、ぜひ観てみて下さい。

　ご覧になったみなさんはどのように感じましたか。**日本社会で一般的に通用し、私たちが慣れてしまっている通念と、国際的な人権についての考え方とでは、かなりのずれが生じてしまっているのかもしれません。**しかしそのような場合に、耳をふさいだり、うるさがったりして、「ここは日本だから」「日本ではこうしてきたから」と言って、これまで通用してきた慣行を漫然とつづけていっていいものでしょうか。裏で少しくらい個人的につらいことがあっても、そのタレントがデビューできて、ドラマやCMで活躍する姿を私たちに見せてくれているのだから、よしとすべきなのでしょうか。

　これは、それぞれにかけがえのない人生を生きている、私たち一人ひとりの、大切な人権の問題であり、仮に多数の人がそのままでよいとかがまんすべきと考えていたとしても、多数派の意見によって踏みにじられてはいけない問題なのです。

◉ことの本質は、子どもへの性的虐待・性的搾取

　性暴力が人の身体保全の権利や私生活の権利を侵す重大な人権侵害であることは前章で述べましたが、とりわけ、この章で取り上げているのは、多くは10代半ばという子どもの年齢で性暴力を受けた男性の人権問題です。

　Cさんが、今でもトラウマになっていてその影響を受けていると語っているように、子ども時代に経験した虐待は、生涯にわたるダメージをもたらすことがあります。とくに性的虐待は、Cさんがそうであっ

> **子どもの権利条約 第34条**
> 締約国は、あらゆる形態の性的搾取及び性的虐待から児童を保護することを約束する。このため、締約国は、特に、次のことを防止するためのすべての適当な国内、２国間及び多数国間の措置をとる。
> a. 不法な性的な行為を行うことを児童に対して勧誘し又は強制すること。
> b. 売春又は他の不法な性的な業務において児童を搾取的に使用すること。
> c. わいせつな演技及び物において児童を搾取的に使用すること。

たように自尊心を深く傷つけ、その後のさまざまな活動や、愛する人と幸せな性的関係をもつうえでも障害になりうる、とても残酷なものです。そして、ジャニーズ事務所は、そのように子どもに性的虐待を加えながら、彼らをタレントとして使うことで利益を上げるビジネスをしていたわけですから、子どもを性的搾取していたことになります。

　国際人権法上、子どもは特別の保護を受ける権利があることが認められています（世界人権宣言第25条２項、自由権規約第24条１項）。

　とくに、子どもの権利について包括的に規定している子どもの権利条約は、子どもが心身ともに健やかに成長していけるよう、あらゆる形態の暴力や虐待から保護する措置をとること（第19条）、あらゆる形態の性的搾取や性的虐待から子どもを保護するための措置をとること（第34条）などを締約国に義務づけています。性的搾取についてはさらに、すでにふれた、「児童の売買、児童買春及び児童ポルノに関する選択議定書」でもくわしい規定があります。

　ちなみに、子どもの権利条約は、2024年１月現在で世界の196カ国が批准している、もっとも締約国数の多い人権条約です。子ども

の権利を守ることについては、それだけ国際的にも広範なコンセンサスがあるということです。

❖ ビジネスと人権の観点から

また、ここでは少し視点を変えて、「ビジネスと人権」という観点からも考えてみましょう。

世界では1990年代ごろから、国境を越えてグローバルに展開する多国籍企業の隆盛とあいまって、企業が社会に与える影響についての意識が高まってきました。大企業になるとひとつの国家の予算をしのぐほどの経済力をもつものも少なくないなか、**企業活動は実際に、それに関係するさまざまな人**（＝利害関係者、ステークホルダー。従業員や**株主はもちろん、企業が提供する製品やサービスの消費者、製品をつくっている工場の労働者、製品の原材料の生産者など）の人権に大きな影響を及ぼすようになっている**からです。

そのため国連では、「ビジネスと人権」についての国際的な基準策定の動きが進められ、国連人権理事会では2011年に、「ビジネスと人権に関する指導原則：国連『保護、尊重及び救済』枠組実施のために」（以下、**指導原則と言います**）という決議が採択されるに至っています。この原則のとりまとめを担った国連事務総長特別代表ジョン・ラギー氏の名前をとって、通称「ラギー原則」と呼ばれることもあります。

◉ 「ビジネスと人権に関する指導原則」に言う 国家の義務と企業の責任

指導原則は、基本原則としてまず、しかるべき政策や規制、司法的裁定（＝裁判の判決）を通して、企業を含む第三者による人権侵害か

> **ビジネスと人権に関する指導原則**
> Ⅰ．人権を保護する国家の義務
> Ａ．基盤となる原則
> 1. 国家は、その領域及び／又は管轄内で生じた、企業を含む第三者による人権侵害から保護しなければならない。そのために、実効的な政策、立法、規制及び裁定を通じてそのような侵害を防止し、捜査し、処罰し、そして補償するために適切な措置をとる必要がある。

ら人権を保護することは、国家が国際人権法の下でもともと負っている義務であることを確認しています。

　国家は、企業のような私人による人権侵害それ自体に対して、直接の責任を負うわけではありません。しかし、**国家は、国際人権法上、自国の管轄下にある人の人権を保障する義務を負っているのですから、その一環として、企業のような第三者による人権侵害から個人の人権を「保護（protect）」しなければならず、政策や法令、裁判などを通してそのような人権侵害を防止し、また救済する必要があるのです。**そのための適切な措置を怠った場合には、国家は、国際人権法上の義務に違反することになりかねません。

　これに対して、企業が負うのは、人権を尊重する責任です。企業は人権を尊重（respect）すべきであり、他者の人権を侵害することを避けるとともに、企業活動がかかわる人権への負の影響に対しては、それを是正するため適切な措置をとることが求められます。

　企業は、その活動を通じて、又は他の当事者との取引関係の結果として、人権への負の影響に関与する可能性があるため、そのようなことを避けるべきであり、また、そのような影響が生じた場合はこれに対処すべき、とされます。

ビジネスと人権に関する指導原則

Ⅱ．人権を尊重する企業の責任

Ａ．基盤となる原則

11.企業は人権を尊重すべきである。これは、企業が他者の人権を侵害することを回避し、関与する人権への負の影響に対処すべきことを意味する。

〔中略〕

13.人権を尊重する責任は、企業に次の行為を求める。

(a) 自らの活動を通じて人権に負の影響を生じさせ又は助長することを回避し、そのような影響が生じた場合にはこれに対処する。

(b) たとえその影響を助長していない場合であっても、取引関係によって企業の事業、製品又はサービスと直接的につながっている人権への負の影響を防止又は軽減するように努める。

〔中略〕

15.人権を尊重する責任を果たすために、企業は、その規模及び置かれている状況に適した方針及びプロセスを設けるべきである。それには以下のものを含む。

(a) 人権を尊重する責任を果たすという方針によるコミットメント

(b) 人権への影響を特定し、防止し、軽減し、そしてどのように対処するかについて責任を持つという人権デュー・ディリジェンス・プロセス

(c) 企業が引き起こし、又は助長する人権への負の影響からの是正を可能とするプロセス

　「取引関係」には、取引先企業、バリューチェーン上の組織のほか、企業の事業や製品、サービスと直接関係のある組織を含む、と理解されています（バリューチェーンとは、原材料調達から製造、流通、販売を経てアフターサービスやリサイクルに至るまでを含んだ、企業活動による価値

創造の流れすべてを指す言葉です）。

◉人権デュー・ディリジェンス・プロセス

また、指導原則で用いられている重要な考え方が、「人権デュー・ディリジェンス（human rights due diligence）」です。**人権への負の影響を避けるためには、企業活動が人権に与えうる影響やそのリスクについて適切な注意を払って評価し、そのような影響があった場合には迅速に対処できる体制を整えておく必要があります。そのような、人権に関する適正評価手続のことを、指導原則では「人権デュー・ディリジェンス・プロセス」と呼んでいます。**

指導原則では、人権を尊重する責任は、事業を行う地域にかかわらず、すべての企業に期待されるグローバルな行動基準であるとされています。また、人権を尊重する企業の責任は、その規模や業種にかかわらず、すべての企業に適用される、とされています（ただし、企業がその責任を果たすためにとる手段は、企業の規模によって異なりうるとされます）。

◉企業が尊重すべき人権とは

それでは、企業はどのような人権を尊重する責任があるのでしょうか。それは、「国際的に認められた人権」であり、その内容は、「**最低限、国際人権章典で表明されたもの、および労働における基本的原則及び権利に関する国際労働機関（ILO）宣言で挙げられた基本的権利に関する原則**」であると理解されています（指導原則12）。

「**国際人権章典（International Bill of Rights）**」とは、国連の創設後、国際社会にとっての人権のリストとして国連でつくられたもので、「**世界人権宣言**」と、それにつづいてつくられた包括的な人権条約である

「国際人権規約」（社会権規約と自由権規約）のことです。

　前著「はしがき」でも述べたように、世界人権宣言はもともと、国連憲章の人権規定を具体化するとりくみのなかで最初にとりまとめられた文書です。**世界人権宣言は条約ではなく、国連総会の決議として採択されたものですが、それだけに、国家だけに向けられているのではなく、「すべての人民とすべての国民が達成すべき共通の基準」（前文）として公布されています。**そして、同じく前文の中で、「社会のすべての個人及びすべての機関が、この宣言を常に念頭におきながら……これらの権利と自由の尊重を促進させる」ことが宣言されているので、**企業も、社会の一員でありアクターとして、世界人権宣言にいう人権を尊重するべきとされているのです。**

　また、国際人権規約は、世界人権宣言を条約の形にし、世界人権宣言と併せて「国際人権章典」をなしているものですので、国際的な人権基準としての普遍性が広く認められている文書です。

　さらに、ILO は、労働者の労働条件にかかわる国際基準をつくってきた国際機関ですが、**強制労働の禁止、児童労働の禁止、差別の禁止、結社の自由**（＝労働組合のような組織をつくる権利）**・団体交渉権**（＝労働者団体が使用者側と交渉する権利）**という ILO のとりくみの中核的な分野はまさに人権問題**と言ってよく、ここで挙げられている「労働における基本的原則及び権利に関する ILO 宣言」は、それらの基本原則を盛り込んだ文書です。これらの内容が、もっとも基本的な国際人権基準として、企業が「最低限」尊重する責任を負うとされているものです。

　ビジネスと人権に関する指導原則の日本語訳全文は、「ヒューライツ大阪」ウェブサイト https://www.hurights.or.jp/japan/aside/ungp/ をご覧下さい。また、有益な情報サイトとしては、「ビジネス

と人権リソースセンター」https://www.business-humanrights.org/ja/ があります。

●**国連人権理事会「ビジネスと人権作業部会」の訪日**

　国連人権理事会では、人権問題をテーマ別に取り上げて検討する「テーマ別手続」があり、拷問、恣意的拘禁、性的マイノリティの権利、極度の貧困、など多様なテーマについて、「特別報告者」「独立専門家」「作業部会」などのかたちで任務（マンデート）が与えられた人権専門家が調査・研究を行い人権理事会に報告する活動をしています。

　「ビジネスと人権作業部会」は2011年に設置されました。2023年には、この作業部会のメンバーが7月24日から8月4日の日程

日本記者クラブで会見する国連人権委員会の「ビジネスと人権」作業部会委員のピチャモン・イェオパントン氏（左）と議長のダミロラ・オラウィ氏＝2023年8月4日（提供：朝日新聞社）

で初めて来日し、日本政府や企業が人権をめぐる義務や責任にどうとりくんでいるかを調査して、最終日には記者会見も行われました。

　作業部会委員の来日調査は、ジャニーズ事件が大きく表面化したこととの関係でにわかに注目されましたが、作業部会委員はジャニーズ事件だけを扱ったわけではありません。**日本企業がかかわる人権問題として、男女の賃金格差、外国人技能実習生の取扱い、労働力への障害者のインクルージョン（包摂）が進んでいないこと、過労死を生む残業文化、福島第一原子力発電所の廃炉作業にあたる労働者の重層的な下請け構造や安全性を欠いた労働条件、など多様な問題が指摘されました。**

　指導原則が確認している国家の人権保護義務に関しても、トランスジェンダーなど性的マイノリティの人びとへの差別禁止を含む包括的な差別禁止法を制定すること、企業活動の関連で生じる幅広い人権問題に対する裁判官の認識を高めるために裁判官ら法曹への人権研修を義務づけること、などが強く推奨されました。

　また、日本には「国内人権機関」がないことについても深く憂慮し、政府から独立した立場で幅広く人権問題を扱い人権擁護にあたる国内人権機関の設置を強く促しました。

　ジャニーズ問題については、作業部会は被害者に聴きとり調査を行った結果、タレント数百人が性的搾取と虐待にまきこまれたと考えられることへの深い憂慮を表明しました。また、あらゆるメディア・エンターテインメント企業が、被害者が救済を得られるよう便宜をはかり、透明性のある苦情処理メカニズムを確保すべきだ、としたうえで、**この業界の企業だけでなく日本の全企業に対し、積極的に人権デュー・ディリジェンスを実施し、虐待に対処するよう強く促す**、と述べました。

いくらエンターテインメントという華やかな業界であろうと、子どもを性的に搾取しながら行われるビジネスなど、許容される余地はありません。子どもの性的搾取という重大な人権問題を起こしておきながら、長年にわたり誠実に対応してこなかった芸能事務所、そして、事務所と取引関係をつづけてきたエンターテインメント業界、人権問題として取りあげる報道をしてこなかったマスコミ業界。ジャニーズ事件は、ビジネスと人権という観点から、人権を尊重する責任について日本の企業が自省し、抜本的な対策を進める必要があることを如実に示しています。

ポイント

★ ジャニーズのタレントが喜多川氏から受けた行為は、子どもへの性暴力であり重大な人権侵害。そして、そのように子どもに性的虐待を加えながら事務所がビジネス活動を行っていたことは、性的搾取にほかならない。

★ 企業は国際的に認められた人権を尊重する責任がある。ジャニーズ事務所と取引関係にあった企業を含めすべての企業が、人権デュー・ディリジェンスのプロセスを遵守して、人権に対する悪影響を防止し、また是正しなければならない。

★ 国家は管轄下の人の人権を保障する義務があり、これには、企業のような第三者による人権侵害から個人を保護することを含む。適切に人権が守られるような法律を制定して施行したり、企業による人権侵害に対しては裁判所などを通して実効的な救済を与えたりすることは国家の義務。

コラム②③

コラム②
企業の人権尊重責任は国家から独立したもの

アンドレア・シェンバーグ

（人権に関するグローバル・ビジネス・イニシアチブ
〔Global Business Initiative on Human Rights, GBI〕会長）

2005年に国連人権理事会が「ビジネスと人権」に関する事務総長特別代表（以下、特別代表）を任命した（決議2005/69）時点では、企業が人権に対して何らかの責任を負うのかどうかは不明瞭でした。実際、この決議は国連事務総長に対して、「人権に関して、多国籍企業やその他の企業が負う責任の基準を特定し、明確にする」ことを任務の一つとする特別代表を任命するよう求めるものでした（パラグラフ1(a)）。

当時、特別代表が検討する中心課題には、(1) そもそも企業が人権責任を負うのか、そして (2) そうであれば、企業の人権責任と、企業が所在し又は事業を行う国の人権義務との関係は何か、ということがありました。2年以上にわたる法的、専門的な調査と議論を通して、こうした根本的な問題は解決されました。

特別代表は (1) について、企業は人権尊重責任を負うとし、人権理事会もこれに同意しました。特別代表はさらに (2) について、**企業の人権尊重責任は国家の義務とは全く関係のないものだ**ということを明らかにしました。

❖ 企業の人権尊重責任とは

「法的なコンプライアンスの範囲を決めるのは政府であるが、企業の人権尊重責任の範囲はより広いもので、社会的期待によって決まる。……企業の人権尊重責任は、国家の義務とは独立に存在する。したがって、国家の『一次的』義務と企業の『二次的』義務という曖昧な区別をする必要はない。そのような区別をすると結局、実地において、何に対して誰が責任を負うのかという、際限のない押し付け合いを招いてしまう」（2008年4月7日の人権理事会決議A/HRC/8/5、パラグラフ54・55）。

この整理は当時、画期的なものでした。大勢は、企業の人権尊重責任は何らかの形で国家の人権義務と結びつけ

コラム②③

られなければならないと考えていたからです。特別代表はその連結関係を退け、そして人権理事会も2008年、人権に関する国家の義務と企業の責任を、別々の基盤に基づく、異なったものとみなす彼の枠組みを歓迎しました（人権理事会決議8/7）。

❖ 企業は国際人権基準に沿って事業を行う責任がある

異なる責任ということの意味は、**企業は人権尊重責任を果たすための根拠として国内法令に依拠すべきではない**、ということです。この点、「国連・ビジネスと人権指導原則」について国連人権高等弁務官事務所が出している「解釈ガイド」＊は、企業は、関連の国家が適切な国内法を通して人権を保護していないことに基づいて企業自らの行動基準を低くすべきではないことを明確に述べています。**企業の責任は、国内の法規制が国際人権基準に満たない場合にはなおさら、国際人権基準に沿って事業を行うべきことを意味する**のです。

「人権尊重責任は、人権保護に関する国内法令の遵守（じゅんしゅ）を超えるものであり、国際的に認められた人権すべての尊重を伴う。したがってそれは、人権を保護する国内法令がまったくない場合でも妥当する。同じ理由で、国内法令が国際的に認められた人権基準に満たないレベルでしか人権保護を行っていない場合でも、企業はより高い基準で事業活動を行うべきである。

あらゆる状況においてすべての企業が期待されるグローバルな基準としての人権尊重責任は、様々な期待や要求に直面する企業にとっても、明確性と予測可能性をもたらす。それはまた、企業は自らの行動基準を下げるために、不十分な人権保護しかしていない事業環境を利用するべきではない、ということも意味する。」（「解釈ガイド」77頁）

❖ 子どもの性虐待マテリアルの制作などにかかわる企業は、国際的な人権基準を遵守しているとはいえない

以上のことを、ここで問題となっていることがらに当てはめれば、**オンライン又はオフラインの子どもの性虐待マテリアル（child sexual abuse material, CSAM＊＊の制作、配給、流布、輸入、輸出、提供、販売、加工などにかかわる、出版社、インターネット・プロバイダー、サーチエンジンの企業、広告会社、エ

ンターテインメント企業などは、国内法令を根拠に、企業にとっての国際的な人権基準を遵守していると主張することはできない、ということです。

企業は、国際人権基準というものをどう理解すべきでしょうか？　どんな人権も、その外延については解釈が必要なことが多々あります。そのために

は、権威ある指針として、ヨーロッパ人権裁判所などの人権裁判所の判決、国連の人権条約機関の文書、UN ウィメンやユニセフのような国連機関の文書、特定のテーマについて検討するよう任命された国連人権理事会特別報告者の報告書などを参照することが有用です。

＊The Corporate Responsibility to Respect Human Rights: An Interpretative Guide (https://www.ohchr.org/sites/default/files/Documents/publications/hr.puB.12.2_en.pdf).

＊＊CSAM のあらゆる表現物には、表現内容によりマンガ、アニメ、コンピューターゲーム、広告、コマーシャルなども含まれる。

コラム ③

責任ある企業行動として求められる
人権デュー・ディリジェンスとは

ブレッシング佳純
（サステイナビリティ・ビジネスと人権エキスパート）

人権デュー・ディリジェンス・プロセスの実行は、人権を尊重する責任を果たすために企業がとるべき必須の行動です。人権デュー・ディリジェンスとは、人権への負の影響を特定、評価、防止、軽減し、対処行動の効果を追跡・検証して、これら負の影響への対処をする一連のプロセスのことです。企業は、人権デュー・ディリジェンスを実

施するにあたり国内法や慣習に依存することはできず、国際人権水準を参照して人権を尊重する責任があり、それは国家の義務とは独立しています（アンドレア・シェンバーグのコラム②参照）。

国連「ビジネスと人権指導原則」に定められている国際水準の人権デュー・ディリジェンスの実行には、以下のように大事な点がいくつかあります。

❖ 人権デュー・ディリジェンス実行にあたっての基本ポイント

1．すべての「国際的に認められた人権」を含むこと

「国際的に認められた人権」は数々の国際人権条約（国連で採択されている「中核的人権条約」。本書「はしがき」参照）に定められていますが、そのうち最低限の対象として、国際人権章典（＝「世界人権宣言」と「国際人権規約」）と、「労働における基本的な原則と権利に関する国際労働機関（ILO）宣言」に含まれている人権を含むことが求められています。

特定のグループの人々の人権に影響を及ぼす場合は、該当するグループの人権に関する国際条約を参照します。例えば、女性への負の影響であれば、女性差別撤廃条約を参照することです。

2．影響を受けるであろうすべての人々の人権を含み、どのグループも除外しないこと

例えば、子ども、契約社員、在留資格のない外国人などという除外は一切ないということです。

3．潜在的な人権への負の影響と、顕在化した人権への負の影響両方を含むこと

潜在的な負の影響は、顕在化する前に防止することに意義があります。顕在化している影響は、是正の対象となるべきです。

4．企業の事業活動と取引関係を含むバリューチェーン全体の人権への負の影響を含むこと

といっても、企業の責任の範囲は無限ではなく、境界があります。人権デュー・ディリジェンスの責任の対象となる負の影響とは、企業が 1）引き起こし又は引き起こしうる人権への負の影響、2）助長し又は助長しうる負の影響、3）取引関係を通して、企業の事業、製品又はサービスに直接的に関連する負の影響です。

5．特定された負の影響に対する適切な行動は、関わり方によること

1）企業が**負の影響を引き起こし又は引き起こしうる場合**は、その影響を停止又は防止するための必要な手段をとることが求められます。2）企業が**負の影響を助長し又は助長しうる場合**は、その助長を停止又は防止するための必要な手段をとることが求められます。そして、害を引き起こす企業の行動を変

えさせるよう、企業の影響力を最大限に行使して、残存する影響の軽減に努めることが求められます。3）企業が、取引関係を通して、事業、製品又はサービスに直接的に関連する負の影響に対しては、企業の影響力を最大限に行使して、影響の軽減に努めることが求められます。

6. 人権への負の影響を受けうる人々（又は彼ら・彼女らの状況をよく理解するNGOや組合など）の視点で状況を理解し、対処に入れ込むこと

被害者、NGO、人権専門家、ジャーナリストなどが人権リスクの情報を発信した場合には、それに対応して人権デュー・ディリジェンスを実施することが求められます。

7. 人権への負の影響が深刻なほど、即座に対応が必要なこと

深刻さは負の影響の規模、範囲及び是正困難度で判断されます。例えば子どもへの負の影響は、対応が遅れると是正が困難又は不可能になるので、迅速に対応することが必要です。

❖ 企業はどのような行動をとるべきか

では、特定の人権リスクが公に認識されている問題については、企業は具体的にどのような行動をとるべきでしょうか。**第3章で言及された子どもの性虐待マテリアル（Child Sexual Abuse Material, CSAM）を例にとります。**

① 子どもの権利条約の「児童売買、児童買春及び児童ポルノに関する選択議定書」第2条にいう「あらゆる表現」がCSAMであり、子どもの人権侵害にあたります。現在の日本の児童ポルノ禁止法では限定的にしか定義されていませんが、CSAMの一部が日本で禁止されていなくとも、企業は国内法に依存せずに、国際基準に沿って人権を尊重する責任があります（第3章でふれられている、子どもの権利条約選択議定書ガイドライン（CRC/C/156）に詳細があります）。

② CSAMは子どもの人権保護への負の影響なので、是正困難度の点から深刻さが増し、迅速な対応をする必要があります。

③ 子どもの人権に負の影響を引き起こし、又は引き起こしうる企業活動の例は、CSAMを含むマテリアルの製造や製造委託、出版、流通、提供、販売、輸出などです。これらの活動は、子ど

81

コラム②③

もの権利条約選択議定書第2条で明確に禁止されています。事業活動においてCSAM人権リスクが潜在的にある製造会社、製造委託会社、出版社、広告会社、娯楽会社、オンラインストア、書店、コンビニエンスストアなどは、CSAMを含むマテリアルの製造、製造委託、出版、（広告欄なども含めた）使用、流通、販売、輸出を停止又は防止するための必要な手段を取ることが求められます。

④ 子どもの人権への負の影響を助長し、又は助長しうる企業活動の例は、CSAMを含むマテリアルの製造の仲介や斡旋、広告を含めインターネット上での流通を可能にするポータルやサーチエンジンなどを含みます。インターネット会社やサーチエンジン会社は、CSAMに関する負の影響の助長を停止又は防止するための必要な手段をとることが求められます。例えば、インターネット上でCSAMの広告がポップアップしたり、サイト上のCSAMが検索・閲覧されたりすることを防ぐためのブロッキング、流通の禁止などの対策を実施することな

どが求められます。

⑤ 取引関係を通して、企業の事業、製品又はサービスが直接的に負の影響に関連しうる企業活動の例は、機関投資家が、CSAMの製造、出版、流通、提供、販売、輸出に関わっている企業、CSAMをブロッキングしていないインターネット会社やサーチエンジン会社などに投資をしている場合などがあります。

　機関投資家は、影響力を最大限に行使して、投資先企業が人権を尊重する責任を果たすよう投資サイクルを通して働きかけることが求められます。人権リスクが高い投資先企業に対しては、人権デュー・ディリジェンスの状況を問い合わせし、理解することが大切です。投資先企業の人権デュー・ディリジェンスの進捗次第では、人権への負の影響が出る可能性も評価したうえで、投資の売却も考えるべきです。状況が複雑であれば、人権専門家や子どもの権利専門家などのアドバイスを入れることや、事業者同士で連携して対策行動をとることも効果的でしょう。

コラム④

自分の身体を守るための性教育は、人権教育の一環

第2章と第3章では性暴力を扱いましたが、そこでみたように、性暴力は、女性だけでなく男性にも起こりえます。日本では、2017年の刑法改正前の強姦罪では女性だけを被害者としていましたが、同年の改正で強制性交等罪と変更されたときにようやく、男性も被害者になりうることになり、また、膣性交だけでなく口腔性交や肛門性交も含まれることになりました。

❖ 低いままの性的同意年齢

他方で、**2023年の改正刑法の不同意性交等罪でも、13歳という性的同意年齢は基本的に維持されています**（第2章で前述の通り、13歳以上16歳未満の人に対する行為については、加害者が5歳以上の年長である場合のみが処罰対象です）。

ジャニーズ事件では、被害を受けた男性の多くが、何をされているかわからなかったとか、良いも悪いも判断できず拒否できなかったと語っているように、10代半ばという年齢では、まだまだ幼く、性行為についての知識もあまりないのが普通です。それどころか日本では、大学生すら、「互いの家に行く」ことや「体（手足など）をさわる」ことが性行為への同意にあたるものとみなしてしまっている人も相当数います（「『家に行く』は性的同意？」朝日新聞2022年10月11日）。

❖ 望まない妊娠・中絶、子どもの虐待死

望まない妊娠によるとみられる中絶や子どもの虐待死も後を絶ちません（「知識乏しく　望まぬ妊娠や虐待も」東京新聞2018年11月20日）。20歳未満の人工妊娠中絶は例年1万件前後あり、2021年でみると9,093件。その内訳は19歳が4,051件、18歳が2,466件、17歳が1,442件、16歳が763件、15歳が246件、15歳未満が125件となっています（厚生労働省「人工妊娠中絶件数及び実施率の年次推移」https://www.mhlw.go.jp/toukei/saikin/hw/eisei_houkoku/21/

dl/kekka5.pdf)。しかも日本の人工妊娠中絶の主流は、いまだに、女性の身体への負担が大きい掻把法（器具を使って、子宮の内容物をかき出す方法）なのです。

不同意性交等罪ができたのは良いで すが、性交とそれによって起こりうる結果について子どもたちがしっかりとした知識をもたなければ、悲惨な出来事はなくならないでしょう。

❖ 性と生殖に関することを自分で決める権利

子どもをもつかもたないか、いつ、何人子どもをもつかといった、生殖に関することを自分で決める権利は、「リプロダクティブ・ライツ（性と生殖に関する権利）」と呼ばれる人権です（「リプロダクティブ・ヘルス／ライツ」＝「性と生殖に関する健康と権利」として、性と生殖に関して必要な情報や医療などのサービスを受けられることも含めて呼称されることも多いです）。

リプロダクティブ・ヘルス／ライツが守られることは、とりわけ、妊娠・出産する身体をもつ女性にとっては、勉学や仕事といった自分の人生設計を立てるうえでも欠かせないことです。

リプロダクティブ・ヘルス／ライツが守られるためには、何よりも、性に関する知識を身につけることが必須です。すべての子どもたちが、学校教育の中で、お互いの存在と意思を尊重しあい大切にすることから始めて、子どもがどのようにして生まれるかという妊娠・出産までの過程や、子どもをもつ

ことの意味、子どもをもつ準備ができていないのであれば必ず避妊をしなければならないこと、安全な避妊の仕方、などを一通り学び身につけることができるようにすべきでしょう。

ユネスコ（国連教育科学文化機関）は2009年に、WHO（世界保健機関）などとも協力して、そのような「包括的性教育」のための「国際セクシュアリティ教育ガイダンス」を発表しています（2018年に改訂版）。

包括的とは、①人間関係、②価値観・人権・文化・セクシュアリティ、③ジェンダーの理解、④暴力と安全の確保、⑤健康と福利のためのスキル、⑥人間の身体と発達、⑦セクシュアリティと性的行動、⑧性と生殖に関する健康、といった要素を多面的に学ぶという趣旨です。**包括的性教育は、一人ひとりが自分の身体と権利を守るとともに、他人の身体と権利を尊重するためにも必要な、人権教育の重要な一環でもある**のです。

❖ 性暴力の加害者にも被害者にもさせないために

日本では、小中学校の学習指導要領に、小学5年の理科で「人の受精に至る過程は取り扱わないものとする」、中学校保健体育で「妊娠の経過は取り扱わないものとする」という、いわゆる「歯止め規定」があるために、「学校では性交などについて教えてはならない」ととらえられることも多く、また実際に、2003年には都内の養護学校で教員が障害のある子どもを相手に工夫して行っていた性教育に対してバッシングが起き（七生養護学校事件）、教育現場が萎縮する状況が生じています。

ですが、学校教育の中で性教育に真剣に向き合わなければ、子どもが性暴力の加害者や被害者になったり、望まない妊娠で中絶することになる事態はなくなりません。

日本では学校で性に関する知識を十分に身につけることがないまま、他方ではアダルトビデオのように男性目線で女性を性的に消費するポルノが大量に出回っており、子どもでも簡単に見ることができるため、**無理やり性交しても相手は喜んでいるとか、自分もあのような行為をしてみたいというふうに、相手の意思を尊重しない一方的な性行為に偏った考え方が横行しています。**SNSで知りあった子どもに裸の写真を送らせるといった、ネットを悪用した子どもの性的搾取も激増しています。

性教育において学校教育が果たす役割の重要性にかんがみ、2023年11月には、国が責任をもって包括的性教育を進める基盤となる法律の制定を目指す「包括的性教育推進法の制定をめざすネットワーク」も、教員や研究者らによって立ちあげられています（「人権から説く性教育『法整備を』」朝日新聞2023年12月19日）。

（申 惠丰）

第4章
家事労働のかたよりと女性の権利
経済的・社会的平等と家事労働分担は車の両輪

case4

「家事をやってほしければ俺くらい稼いでこい」
と夫に言われるDさん

　私は、4歳と1歳の子どもがいる家庭の主婦D（35歳）です。大学卒業後、アパレル会社に正社員として就職し働いていたのですが、29歳で結婚した後、31歳で子どもができたときに、自分が働くので仕事を辞めて家庭に入ってほしいと夫に言われ、退職しました。

　子どもはかわいいですが、とくに2人目が生まれてからはとても大変で、毎日子どもの世話をしながら炊事・洗濯・掃除といった家事全般を一人でこなさなければならないので、疲れきっています。自分のお風呂もゆっくりと入れませんし、子どもがよく夜泣きするためいつも睡眠不足です。

　夫は、平日は朝早く出勤し夜11時ごろ帰宅する生活で、家事や育児にはまったく関わってくれません。週末の休みのときも、テレビを見ているかビデオゲームをしているかで家のことは私にまかせきりで、「俺が家にいるときは、最低3品は夕食のおかずをつくって出せ」などと言います。

　少しは手伝ってほしいと言うのですが、夫は「俺は仕事で疲れているんだ。俺がおまえや子どもを養っているんだろ？　そんなに家事をしてほしければ、おまえも外に働きにいって、俺と同じくらい稼いでこい！」と怒鳴り、大変な剣幕で説教をはじめます。私に手を上げることもあります。

今後もこんな家庭生活を送るのかと思うとやりきれず、夫とは離婚したいと真剣に考えています。ですが、貯金も少なく、時間的にできる仕事としては近くのスーパーで調理やレジ打ちを行うパートくらいなので、自立できる見通しもたたず、不安でたまりません。

❖家庭でのケア労働の無償性と、それゆえの経済力の弱さ

　家事は、食事や休養をとったり衛生を保つことで日々の生活を送ることに伴う、人が生きていくために不可欠な活動です。一人暮らしでも自分のための最低限の家事はついてまわりますが、家族がいれば家事はそれだけ増えます。子どもが生まれれば、誰かが子どもの世話をしなければなりません。誰にも世話されずに一人で大きくなった人はいないでしょう。また近年では、医療が進歩して人間の寿命が伸びた一方で、高齢化が進み、介護が必要な高齢者も増えています。これらの**家事・育児・介護といったケア労働は、人間が健康に毎日の生活を送り、また次の世代を生み育てていくことをその根幹で支えている、基本的で重要な労働です。**

　しかし問題は、日本では、これらのケア労働が多くの場合、女性のやる仕事として女性に押しつけられていること、そして、重要な仕事でありながら、家庭内では無償労働のため、それらを担っている女性の経済的地位が低いということです（家事や育児も、家事代行業者やベビーシッターに依頼すれば有料であるように、立派な労働であることはわかるでしょう）。

　Ｄさんのような悩みは日本社会でよく聞くものですが、Ｄさんの夫が言っていることには、はたして理があるのでしょうか。

●家事労働が現金収入につながらないこと、経済力の弱さが　家庭内での立場の弱さや暴力被害にもつながること

　たしかに、夫はお給料を稼ぎ、家族の生活費をまかなっています。
ですが、夫は、Ｄさんが家事や育児を担ってくれているからこそ、会
社での仕事だけに時間を使うことができているのも事実です。夫はＤ
さんに、家事を手伝ってほしければ自分と同じくらい稼いでこい、と言
いますが、Ｄさんが家事・育児を今まで通り担ったままで外でもフルタ
イムで働け、ということであれば、それは無理に決まっています。あえ
て言えば、夫が代わりに家事・育児全般を担い、Ｄさんがすべての時
間を仕事に使えるようになったときに、同じくらい稼げるか、という比
較が初めて成り立ちうるのでしょう。

　実際にＤさんも子どもができて夫に要望されるまでは、正社員とし
て会社で働いていたのでした。ただし、いったん退職しブランクができ
てしまっているために、仮に夫が家庭に入ってＤさんがすべての時間
を仕事に使えるようになったとしても、勤続年数や経験の蓄積などの
点で、ブランクのない人と同じような待遇の仕事にすぐに就けるかと
いえば、おそらく難しいでしょう。

　このように、夫の言い分は、前提となる条件を無視した乱暴な議論
で、Ｄさんに対してあまりにも不公平なものと言わざるを得ません。

　**Ｄさんのような状況の人にとって、深刻な人権問題となることのひと
つは、重い家事労働を担っていながらもそれが現金収入にはつながら
ず、経済力が圧倒的に弱いために、それが家庭内での立場の弱さにつ
ながり、DV（ドメスティック・バイオレンス。家庭内暴力、とくに配偶者な
どによる暴力を指します）被害などにも容易につながりうることです。**

　典型的な DV の事案では、夫が妻に対して「誰に食わせてもらっ

ているんだ！」と暴言を吐いたり、暴力をふるうことがしばしば起きています。そして、そうしたDVの被害を受けながらも、離婚した後に住む場所や生活費のめどが立たないことから、離婚に踏みきれず、暴力を耐えしのばざるをえない人もいるのです。

　もっぱら家事労働を担っている女性たちがおかれている苦境は、2020年からのコロナ禍ではさらに悪化しました。家で過ごす時間が長くなったことで、DVの件数は2020年4〜12月の総数で約14万7千件と過去最多となり、また、国からの一人10万円の特別定額給付金が世帯主に一括給付されたために、夫に全部取り上げられたという経済的DVの例もあったことが報じられています（「データで見るコロナ禍の女性④」東京新聞2021年3月13日）。

❖ 家事労働を女性に押しつける役割分担思想の弊害

　身体的に、子どもを出産することと、母乳を授乳することに限って言えば、たしかに女性にしかできないことです。しかし、その他の育児や、家事全般は、すべて男性にもできることです。それなのになぜ、家事や育児は女性がやることだと、多くの人は決めてかかっているのでしょうか。料理は女性のほうが向いている、といった考え方も、職業としての料理人には男性が多いことを思い起こせば、なんの根拠もない思い込み、決めつけと言えるでしょう。

　しかし実際、多くの国では、女性は家庭に入るのが良い、という性別による役割分担の考え方が残っています。日本でもこうした発想はまだ根強く、「女の子はどうせお嫁に行くんだから、そんなに勉強しなくていい」といった考え方が、とくに首都圏や大都市圏以外で顕著な大学進学率の格差にも表れています（進学だけでなく、進学先の選択

にあたっても、親が娘よりも息子の進学を優先したり、女性の高校教員から「女の子なんだから、早いところ良い人をつかまえたほうがいい」と言われたりして、女子が第一希望の進学先をあきらめるケースがあります。「『女の子なんだから』浪人許されず」朝日新聞 2024 年 5 月 5 日）。

　ですが、高収入の人と結婚して養ってもらえばいいというのは、自分の人生を人に預けてしまうようなもので、長い人生の中ではとてもリスクが大きい考え方ではないでしょうか。また、妻や子どもを一人で養うことになる夫にとっても、少しでも多く稼ぐために長時間労働したり、劣悪な労働環境でもがまんして働いたりということになりえます。経済面での支配から、身体的 DV や、生活費を渡さないなどの経済的 DV に走ってしまうこともあります。

　日本でも最近は社会に出て働く女性も増えていますが、**夫婦共働きでも、家事労働は大幅に女性に負担が偏っています**。2021 年のデー

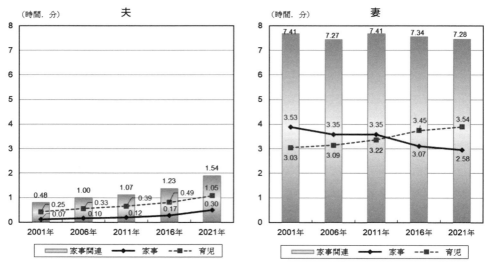

図1　夫・妻の家事関連時間の推移（調査票Aによる結果）
　　　（2001年〜2021年）− 週全体平均、6歳未満の子供を持つ夫婦と子供の世帯

出典：総務省統計局「我が国における家事関連時間の男女の差〜生活時間からみたジェンダーギャップ」https://www.stat.go.jp/info/today/pdf/190.pdf より

タで、6歳未満の子どもをもつ夫婦と子どもの世帯について、夫と妻の1日当たりの家事関連時間をみると、全体では、夫は1時間54分、妻は7時間28分となっています。この中で、夫が有業で妻が無業の家庭では、夫が1.47時間、妻が9.24時間ですが、共働き世帯でも、夫が1.55時間、妻は6.33時間となっています。

●男女の性別役割分担の考えを変え、女性の権利向上のために

　日本も第二次世界大戦後女性が参政権を与えられたように、戦後、日本を含む多くの国では、女性の政治的地位はそれ以前より改善されました。しかし他方で、女性が就労において差別されたり、早期の結婚を余儀なくされたりといったように、経済的・社会的には女性の地位が低いままであることが問題となってきました。

　女性差別撤廃条約は、1966年に国際人権規約が採択されてからも、女性の権利向上には大きな課題が残っており、また、その実現のためには男女の性別役割分担の考え方を変えることが必要であることをふまえて、1979年に採択された人権条約です。

●伝統的な男女の役割分担の考えこそが、平等の実現を妨げている

　条約の前文は、その条約がつくられた趣旨・目的を述べている箇所ですが、このように、女性差別撤廃条約はその前文で、国の発展や世界の平和のためには、あらゆる分野で女性が男性と平等に参加することが必要であることなどを述べたうえで、「出産における女性の役割が差別の根拠となるべきではなく、子の養育には男女及び社会全体が共に責任を負うこと」、また「社会及び家庭における男性の伝統的役

女性差別撤廃条約 前文

　この条約の締約国は、

　国際連合憲章が基本的人権、人間の尊厳及び価値並びに男女の権利の平等に関する信念を改めて確認していることに留意し、

　世界人権宣言が、差別は容認することができないものであるとの原則を確認していること、並びにすべての人間は生まれながらにして自由であり、かつ、尊厳及び権利について平等であること並びにすべての人は性による差別その他のいかなる差別もなしに同宣言に掲げるすべての権利及び自由を享有することができることを宣明していることに留意し、

　人権に関する国際規約の締約国がすべての経済的、社会的、文化的、市民的及び政治的権利の享有について男女に平等の権利を確保する義務を負っていることに留意し、〔中略〕

　しかしながら、これらの種々の文書にもかかわらず女子に対する差別が依然として広範に存在していることを憂慮し、

　女子に対する差別は、権利の平等の原則及び人間の尊厳の尊重の原則に反するものであり、女子が男子と平等の条件で自国の政治的、社会的、経済的及び文化的活動に参加する上で障害となるものであり、社会及び家族の繁栄の増進を阻害するものであり、また、女子の潜在能力を自国及び人類に役立てるために完全に開発することを一層困難にするものであることを想起し、〔中略〕

　国の完全な発展、世界の福祉及び理想とする平和は、あらゆる分野において女子が男子と平等の条件で最大限に参加することを必要としていることを確信し、

　家族の福祉及び社会の発展に対する従来完全には認められていなかつた女子の大きな貢献、母性の社会的重要性並びに家庭及び子の養育における両親の役割に留意し、また、出産における女子の役割が差別の根拠となるべきではなく、子の養育には男女及び社会全体が共に責任を負うことが必要であることを認識し、

　社会及び家庭における男子の伝統的役割を女子の役割とともに変更することが男女の完全な平等の達成に必要であることを認識し、〔中略〕

　次のとおり協定した。

割を女性の役割とともに変更すること」が平等達成のために必要である、としています。

　こうして女性差別撤廃条約は、社会と家庭における伝統的な男女の役割分担の考えこそが、平等の実現を妨げている根本的な要因であるという認識のもとに、差別的な法律はもちろん、差別的な慣行をもなくしていくための措置をとること（第2条）や、教育、雇用などにおいて差別をなくす措置をとることを締約国に義務づけています。

　知らず知らずのうちに刷りこまれがちな性別役割分担の固定観念をなくしていくためにも教育は重要で、女性差別撤廃条約は第10条で、「同一の教育課程（＝カリキュラム）」の教育を差別なく享受する機会を保障しています。これを受けて、日本では1990年代前半に当時の文部省の学習指導要領が改訂され、中学と高校での家庭科の授業が男女共修になりました。

　また、条約は「同一の雇用機会」についての権利を保障しているところ（第11条）、それまで日本の法律では、労働者が女性であるという理由で男性との賃金差別をしてはならないという規定（労働基準法第4条）しかなかったことから、募集・採用、昇進などでの差別をなくすための雇用機会均等法が1986年に制定されることになりました（ただし、残っている課題については後述します）。

● 「医者になった時に出産や子育てで使いにくいから」という理由だった医学部受験差別

　役割分担の考えといえば、日本で最近起こった女性差別問題の中でも衝撃的だったのが、2018年に発覚した、東京医科大学による女子受験者への差別です。

　東京医科大が同年に行った医学部一般入試で、女子受験生の得点を

女子受験者を一律減点

東京医大、恣意的操作

東京医科大（東京）が今年2月に行った医学部医学科の一般入試で、女子受験者の得点を一律に減点し、合格者数を抑えていたことが関係者の話でわかった。女子だけに不利益な操作は、受験者側に一切の説明がないまま2011年頃から続いていた。大学の一般入試で性別を対象とした恣意的な操作が明らかになるのは極めて異例で、議論を呼びそうだ。

〈関連記事31面〉

入試要項 説明なし

東京地検特捜部も、文部科学省の私大支援事業を巡る汚職事件の捜査の過程で、同大にこうした操作を把握しており、同大は現在、内部調査で事実関係の確認を進めている。

同大医学科の今年の一般入試は、数学・理科・英語のマークシート方式（数学次の一次試験（計400点満点）〈一部を除く〉で1次試験と小論文（100点満点）と面接を受け、1次の得点と合算して合否が決まった。

関係者によると、同大側は、一次の結果が出そろった段階で女子の得点に一定の係数を掛けて減点するなどしていた。その結果、同大に合格した受験者の男女比で、女子が4割弱と前年の2割強を大幅に上回ったことがきっかけだったという。11年以降、女子の合格者を3割前後に抑えるよう、実際に同年以降は女子の一般入試合格率は男子18......

......験者（男子1596人、女子1018人）のうち、一次の男女別合格率は男子18.9％（303人）、女子14.5％（148人）となり、一般入試では、10年は、合格率を経た最終的な合格率は男子8.8％（41人）、女子2.9％（30人）と男女間で差が生じている。その後は毎年、男子が上回っている。

●東京医科大医学科一般入試の男女別合格率

男子／女子

年　2009　10　11　12　13　14　15　16　17　18

いた。

女子受験者の合格者を減らす調査は、10年の一般入試で、女子の一次合格者を3割前後に抑えるよう......

し、女子に対する一律の減点を認めた上で「女子は大学卒業後、結婚や出産で医師をやめるケースが多く、男性医師が大学病院の医療を支えるという意識が学内に強い」と説明している。

同大医学科の一般入試の募集要項には出願要件や定員などが記載されているだけで男女別の定員に関する記載はない。文科省大学入試室は「選抜方法はできる限り募集要項に記入すべきだ」としている。

同大の私大支援事業の選定を巡っては、同省の私大支援事業の選定が恣意的に運用されているとすれば望ましくない」としている。

2月の一般入試で同省前局長の佐野太被告（59）（受託収賄罪で起訴）の息子を不正に合格させたとして、前理事長の臼井正彦（77）と前科大広報・社会連携推進課長の鈴木衛（69）両被告が先月24日、特捜部に贈賄罪で在宅起訴された。

女子受験者に対する意図的な減点について、東京医大は取材に対し、「そのような事実は一切把握していない」としている。

同大関係者は取材に対......

読売新聞 2018年8月2日

一律に減点し、合格者数を抑えていたことがわかったのです（上の記事参照）。その後の調査で、同大は2006年からそのような操作を行っていたこと、また、同様の差別は同大だけでなく順天堂大や北里大など他の大学の医学部でも行われていたことが判明しました。

　すべての受験生に対して公平でなければならない大学入試において、女性であるというだけで得点を人為的に操作するというのは、教育機関による直接的な女性差別です。大学という高等教育機関の公共性をふま

えれば、憲法の定める「法の下の平等」に反するとも言えるものです。

　このような得点操作を行った理由はなんだったのでしょうか。それは、**大学病院などの運営を考えた場合、医者になったときに出産や子育てのために休職や離職をする可能性のある女性よりも、そのような心配がなく使いやすい男性のほうがほしかったためだと言われています**（次頁記事参照）。将来医者になったとしても、女性は家庭責任を負うことになることから、養成の段階から避けておこう、というわけです。これはまさに、社会における男女の役割分担の考え方に基づいて、さかのぼって医学を学ぶ入口からすら排除した、驚くほど悪質な女性差別ではないでしょうか。

●差別を生み出す性別役割分担の考えを変える必要がある

　元受験生が順天堂大学を提訴した事件で、東京地裁は 2022 年 5 月 19 日、大学は性別による差別を禁じた憲法第 14 条を尊重する義務を負うとし、性別のみで一律に不利益扱いをしたことは不法行為にあたるとして慰謝料の支払いを命じています。ですが、慰謝料は一律で受験 1 回あたり 30 万円という低いもので、浪人して何度も受験をつづけたり、志した医師の道をあきらめて他の道を進むことになったりして人生を変えられてしまった元受験生の損害に見合うものとはいえません。

　この受験差別の発覚後、すべての大学の医学部入試の合格率が男女別に公開されるようになりましたが、2021 年には、女性の合格率が男性を逆転しています。フェアな入試が行われるようになった結果です。世の中の人口の半分は女性であり、女性がなりやすい病気をよく知る女性医師も必要なのに、医師が男性ばかりになってしまうことも、良いわけがありません。

　女性医師は家庭責任のために辞めてしまうから、という理由で女性

教育現場に企業の理屈

識者「学生は従業員の位置付け」

東京医大 女子を減点

東京医科大が一般入試で受験者の得点を操作し、女性の合格者数を意図的に抑制していた疑惑が持ち上がった。離職率が高い女性よりも男性の医師を確保したいという思惑が透けて見える。病院経営という「企業」の理屈を教育現場に持ち込んでもいいのか。「一部の私立大は男性の方が合格しやすい」。東京医科大に限らず、こうしたうわさは以前から絶えず、徹底解明が求められる。=●面参照

▽女子学生33%

文部科学省の学校基本調査によると、医学部の女子学生は一九八七年度は全体の18・8%だったが、十年後の九七年度は30・0%、二〇〇七年度は32・6%となった。一八年度速報値でも33・3%と微増した。国家試験合格者も一八年は九千二百二十四人中、女性は三千六十六人と34%を占めた。

一方、医師になっても休職する女性が男性よりも多い。厚生労働省のデータによると、通常三十代後半を迎える医籍登録十二年後の就業率は、男性が89・9%なのに対し、女性が73・4%で、15ポイント以上の差がある。

日本医師会が昨年、全国約八千五百の病院に勤務する女性医師を対象に行った調査では、回答した約一万人のうち約半数が「休職や離職の経験がある」とし、最も多かった理由が出産と子育てだった。

▽学力差はない

本来、同一の大学を目指す男女に大きな学力差はない。医大は教育機関としてだけではなく、多くの付属や系列の病院を抱え、医師を送り込む組織だ。NPO法人医療ガバナンス研究所（東京）の上昌広理事長は「倫理的に許されるかは別」と断った上で「大学は経営の観点から、女性の割合を調整せざるを得ないと考えているのだろう」と指摘。「入学イコール入社のようなもので、学生は従業員の位置付け。辞める可能性が高い女性よりも、男性がほしいというわけだ」と解説する。

報道陣の前で謝罪する東京医科大の宮沢啓介学長職務代理＝25日午後、東京・霞が関で

医籍登録してからの男女別の就業率

	初年	12年	50年
男性	95.2%	89.9	47.5
女性	94.6%	73.4	51.1

※2004〜14年の医師・歯科医師・薬剤師調査などのデータに基づく

大学病院で勤務経験のある医師は「結婚や産休を考えると、救急など不規則な勤務の現場では使いづらい。女子学生のほうが一生懸命だし、能力も確かだが、医者になれば男の方が使いやすいというのが共通の空気」と明かした。

▽膨大な仕事量

一方、学生側の怒りは収まらない。専門予備校メルリックス学院（東京）の田尻友久学院長は「女子生徒は医師が大変な職業だと承知して医学部を目指している。いくらなんでも乱暴だ」と指摘した。ある医学部に通う女子学生は「必要悪ではない、悪でしかない」と憤る。

ただ、医療現場の労働環境は依然として厳しいという問題が横たわる。厚労省は二月、負担軽減の緊急対策をまとめた。柱は診療補助などの一部の業務を他の職種に任せるタスク・シフティング（業務移管）の推進。三月に都道府県などに通知したが、病院に周知を始めたり、取り組みを始めたりしている公立や私立の病院は26・8%で、大学病院は30・3%にとどまっていた。

ある厚労省職員は「女性医師が働き続けられるような支援は必要。ただ、その前に医師の膨大な仕事量を解消しなければならない」と指摘した。

東京新聞 2018年8月3日

を排除するのではなく、医師の長時間労働体制を改善することや、家庭内での家事分担を平等化することこそ必要です。

　小児科医だった夫を過労自殺で亡くした中原のり子さんは、「女性医師が働きつづけられない職場では、男性医師も馬車馬のように働かされている。入試で女子受験生を排除したのは、医師の働かせ方を変える気がない証拠」という警告を発しています（「女性排除　男性の命も削る」東京新聞 2018 年 8 月 22 日）。

◉極端な役割分担思想は女性の命にもかかわる

　役割分担思想はこのように日本でもまだ根強いですが、この考え方がもたらす弊害は、場合によっては大変に深刻なものになりえます。第 2 章でみた女性差別撤廃委員会の「一般的勧告 19」でも委員会がふれていますが、DV のほか、強制結婚、持参金殺人、女性性器の切除といった極端な慣行も、その根っこにあるのは、女性はもっぱら家庭内で男性に従属して生きる存在だ、という役割分担思想そのものです。**固定的な役割分担の考えを押しつけて女性から自立の手段を奪い、男性に経済的に依存して生きていかざるをえない状況をつくってしまうことは、女性の身体の安全や健康、ひいては命にもかかわることがら**なのです。

❖ 日本の社会と法制度の課題

　雇用機会均等法（均等法）は 1986 年に施行されましたが、この時の最初の均等法は、定年や解雇については女性差別を禁止する一方、募集・採用・配置・昇進については、差別しないように「努める」という努力義務を企業に課しただけのものでした。また、**均等法以前は**

男女別の採用が一般的だったところ、均等法施行後はそのような形態はなくなっていきましたが、代わって、将来の管理職候補となる「総合職」と、サポート的業務をする「一般職」というコース別人事制度をつくり、一般職にはほぼ女性を充てる、という雇用区分管理の手法が広がりました。

1999 年の均等法改正では当初の努力義務規定が禁止規定になるという変化もありましたが、総合職では転勤や残業があることの負担が伴うこともあり、女性は多くありません。2023 年に 512 社を対象に行われた調査によると、総合職の女性は 4 人に 1 人にとどまっています（日経クロスウーマン「総合職女性はいまだ 4 人に 1 人…組織の多様性は進むのか」2023 年 6 月 26 日、https://woman.nikkei.com/atcl/feature/23/052600213/061600003/）。

●男女の賃金格差は先進国最低レベル

女性の管理職登用も進んでいません。最初の均等法ができた直後に大手電機メーカーに総合職として採用されて仕事をつづけ、働きながら工学博士号も取得した女性のような場合でも、女性管理職が 5％に満たない会社の中で、男性間の情報交換ネットワークに入れず昇進できなかったというケースが大きく報道されています（「昇進には男性の3 倍働けと？　均等法の第 1 世代　会社去った」朝日新聞 2023 年 3 月 9 日）。

日本では男女の賃金格差が大きく（2021 年では、男性一般労働者の給与水準を 100 としたときの女性一般労働者の給与水準は 75.2）、女性管理職比率（課長相当）は 2022 年で 13.9％（内閣府「男女共同参画白書 令和5 年 版 」https://www.gender.go.jp/about_danjo/whitepaper/r05/zentai/pdf/r05_genjo.pdf）と、いずれも先進国最低レベルです。男女間の賃金格差の要因は、年齢や学歴の差はごくわずかであるのに対し、役職

図2　男女間賃金格差の推移

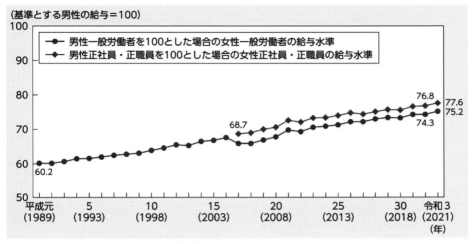

（備考）　1. 厚生労働省「賃金構造基本統計調査」より作成。
2. 10人以上の常用労働者を雇用する民営事業所における値。
3. 給与水準は各年6月分の所定内給与額から算出。
4. 一般労働者とは、常用労働者のうち短時間労働者以外の者。
5. 正社員・正職員とは、一般労働者のうち、事業所で正社員・正職員とする者。
6. 雇用形態（正社員・正職員、正社員・正職員以外）別の調査は平成17（2005）年以降行っている。
7. 常用労働者の定義は、平成29（2017）年以前は、「期間を定めずに雇われている労働者」、「1か月を超える期間を定めて雇われている労働者」及び「日々又は1か月以内の期間を定めて雇われている者のうち4月及び5月に雇われた日数がそれぞれ18日以上の労働者」。平成30（2018）年以降は、「期間を定めずに雇われている労働者」及び「1か月以上の期間を定めて雇われている労働者」。
8. 令和2（2020）年から推計方法が変更されている。
9. 「賃金構造基本統計調査」は、統計法に基づき総務大臣が承認した調査計画と異なる取扱いをしていたところ、平成31（2019）年1月30日の総務省統計委員会において、「十分な情報提供があれば、結果数値はおおむねの妥当性を確認できる可能性は高い」との指摘がなされており、一定の留保がついていることに留意する必要がある。

出典：内閣府男女共同参画局「男女間賃金格差（我が国の現状）」
https://www.gender.go.jp/research/weekly_data/pdf/07.pdf より

　の違いによる影響がもっとも大きく、その次に勤続年数の違いによる影響があることがわかっています（厚生労働省「令和4年版働く女性の実情」https://www.mhlw.go.jp/bunya/koyoukintou/josei-jitsujo/dl/22-01.pdf）。

　勤続年数の違いは、女性が家事を過度に担っているためにキャリアを断念する場合があることなどから生じています。また、政府は2022年に、常時雇用301人以上の企業を対象に、男女の賃金格差

図3 男女間賃金格差の国際比較

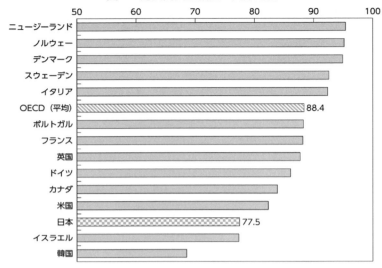

（備考） 1. OECD "OECD. Stat" より作成。
2. ここでの男女間賃金格差とは、フルタイム労働者について男性賃金の中央値を100とした場合の女性賃金の中央値の水準を割合表示した数値。
3. イスラエル、フランスは平成30（2018）年、イタリア、デンマーク、ドイツは令和元（2019）年、それ以外の国は令和2（2020）年の数字。

出典：内閣府男女共同参画局「男女間賃金格差（我が国の現状）」
https://www.gender.go.jp/research/weekly_data/pdf/07.pdf より

の公表を義務づけていますが、そのデータについて分析した報道によると、出産して育児休業から復職するタイミングで管理職コースから外れてしまうケースが多いことも明らかになっています（「女性の昇進 働き方模索」毎日新聞2023年3月8日）。

　賃金格差の情報は、学生が就職活動をする際の判断材料のひとつとしても有益です。公表と併せて、各企業は、格差の要因になっている役職の違いや管理職比率、男性の育児休業取得率の低さなどを改善していくことが重要です。そして、そのすべてにかかわって、根本的には、共働きでも女性に家事労働を押しつける男女の役割分担の考えを、

家庭や社会の中から変えていく必要があります。

●均等法にセクシュアル・ハラスメント禁止の規定を

また、前著『友だちを助けるための国際人権法入門』ではセクシュアル・ハラスメントについてもくわしく検討しました。**法制度としては、セクハラを法律で禁止し、男女ともに働きやすい職場をつくっていくことも重要です。現在の均等法は、セクハラが起きないように「雇用管理上必要な措置」を求めているにとどまり、セクハラ行為を明確に違法として禁止する規定にはなっていません。**これを是正する必要も、女性差別撤廃委員会からの総括所見で日本は毎回、勧告を受けています。

●女性の家計補助的な働き方を想定する制度

加えて、**日本の法制度の特徴は、税制や社会保障制度上、会社員とそれに扶養される配偶者をモデルとした制度設計がされていて、パートなどの非正規労働者が、制度の枠内に収まるように抑え気味に働く、というあり方が定着していることです。**現行の制度では、パートなどで働く人の年収が103万円を超えると所得税を払う必要が生じ、106万円を超えると年金や医療などの社会保険料を払う必要が生じます。また、年収130万円を超えると、配偶者の扶養を外れる扱いになります。103万円と106万円という壁を超えると、それより年収が少なかったときよりも手取り額が減る結果となり、130万円の壁を超えると、家計全体としての手取り額が減ってしまうのです（それをカバーして手取りを増やすためには、大幅に労働時間を増やすことが必要になります）。よって、パート労働者としては手取り額を減らさないために、働きすぎず、時間を調整する行動をとるのです。

このような、会社員とその被扶養者の世帯をモデルとした法制度は、大黒柱の男性に養われる専業主婦の妻があくまで家計補助的に働くことを想定したものです。専業主婦（又は主夫）が年収106万円未満であれば年金保険料を払わずに基礎年金を受けとれる「第3号被保険者」制度（＝主婦／主夫の配偶者が2人分の保険料を負担しているわけではなく、他の働く人たち全員で負担している）をはじめ、公平な制度とは言えません。女性が配偶者に経済的に依存することを維持し、補強する制度とも言えます。

　このような法制度を、国民全体としてみたときにもすべての人に公平な制度とするとともに、非正規雇用の賃金を上げること、また、非正規雇用自体も、人が長期的な人生設計を立てていけるような、安定的な正規雇用におきかえていくことが求められます。

- ★ 家事労働は女性がやること、という固定的な役割分担の考え方が、DVなどさまざまな悪弊につながっている。
- ★ 家事労働は生きていく限り必要なことなのだから、家族で分担しよう。また、夫などパートナーに完全に依存することにならないよう、尊厳をもって生きていけるように、経済的自立について計画を立てよう。
- ★ 日本の法制度や社会の実情は、女性が働きやすく生きやすい状況になるにはまだまだ課題があるが、それを変えるにも、家事労働は女性がやるものという固定観念を変えていくことがカギ。

第5章

民族的差別を受けない権利

会社による差別をやめさせるには

case 5

中国人や朝鮮・韓国人を侮蔑する暴言や文書配布が
社内でくり返され、
そのような職場環境に苦痛を受けている
在日コリアンの社員Eさん

　私は、韓国人の両親をもつ、韓国籍のEです。日本で生まれ育っ
たので母語は日本語で、日本人の友人のほうが多く、結婚相手も日
本人男性ですが、自分のルーツも大切にしたいので、親からもらっ
た韓国名を名乗っています。私は大阪の不動産会社でコンピュー
ター・システム関連の仕事をしているのですが、会社でもそのまま
韓国名で勤務しています。

　私の会社は住宅の賃貸・管理などを行っている東証一部上場の株
式会社ですが、代表取締役である会長が、自分の差別的な信条を公
言しかつ社員にも押しつける人物で、「もっとも性質が悪い人種が韓
国人」「在日朝鮮族として……にまで上り詰めて……になり下がって
いる〇〇〇〔人名〕」、「韓国・北朝鮮はワイロを当然とする国民性」「虚
言・虚飾の国、韓国という恥ずかしい思想の国」「あなたのすぐ隣に
いる中国のスパイ」など、韓国や北朝鮮、中国という特定の国や国民・
民族を口汚くおとしめ中傷する文面の文書を社内で大量に配布して
います。現代史、とくに日本がアジア・太平洋戦争で行った行為を
美化する内容の歴史教科書が中学校で採択されるよう、教育委員会

にアンケートを提出することを社員に呼びかけるといった行為もしています。

　私は、仕事にはやりがいを感じているのですが、会社で連日行われているこのような圧力行為にへきえきしていますし、自分の国籍や民族的出身からしても自分が攻撃されているようで、大きな苦痛を感じています。ただ普通に働きたいのに、このような行為はやめさせられないのでしょうか。

❖ 本件で起きているのは、公的生活の中での「人種差別」の問題

　このケースは、実際に起きた、東証一部プライム上場企業であるフジ住宅株式会社の事件を基にしています。中傷の文面はすべて実際のものですが、これはごく一部で、他にも、「在日は死ねよ」「韓国人の思考の中には敵相手ならどんな非道をしても許されると勘違いしているとこがありますよね、たしかに野生動物がまさしくこれです。鳥類、ほ乳類、は虫類ではないが、恐に足らないものに対しての攻撃性は、見るに堪えないものがあります」（原文ママ）など、ひどい内容のものがたくさんありました。フジ住宅に勤務する在日コリアンである従業員Ｅさんは、精神的苦痛を訴えて、会社と会長を相手どり、損害賠償請求を求める訴訟を提起しました。

　これに対し大阪地裁は2020年7月2日、このような資料の配布行為は、労働者が国籍によって差別的扱いを受けないという人格的な利益を侵害するおそれがあり、社会的に許容できる限度を超えるとともに、アンケート勧奨行為についても、労働者の思想・信条の自由を侵害する差別的行為で社会的に許容できる限度を超えるとして、いず

れについても民法上の「不法行為」にあたると認め、精神的苦痛の慰謝料の支払いを命じました。

　この地裁判決は、このような資料の配布行為やアンケート勧奨行為を違法と認めた点では良いのですが、問題は、これらの行為が、思想・信条の自由の侵害であるというだけではなく、人種差別にあたる行為でもあるということを述べていないことです。

　先にみたような、**人間以外の動物に例えておとしめる言辞は、人種差別の典型的なパターンのひとつですし、一定の国民や民族を社会から排斥したり除去・抹殺を提唱したりする言辞も、悪質な人種差別です。**

●あらゆる公的生活の分野で、民族的出身などによる差別をなくすこととしている人種差別撤廃条約

　日本の憲法にも、法の下の平等を保障した第14条で、人種による差別を受けないという規定がありますが、「人種」というと、日本では、米国で起きているような黒人などの有色人種への差別を連想し、日本にはあまり関係ないと考えてしまう人も多いかもしれません。

　しかし、日本が加入している人種差別撤廃条約は、「人種差別」を次のように定義しています。

人種差別撤廃条約 第1条 【人種差別の定義】
1項　この条約において「人種差別」とは、人種、皮膚の色、世系又は民族的もしくは種族的出身に基づくあらゆる区別、排除、制限又は優先であって、政治的、経済的、社会的、文化的その他のあらゆる公的生活の分野における平等の立場での人権及び基本的自由を認識し、享有し又は行使することを妨げ又は害する目的又は効果を有するものをいう。

この中で、「人種」とは、皮膚の色、髪の色や形状など、身体の生物学的特徴をもつとされている人びとの集団をいい❿、「皮膚の色」はその中で代表的な特徴を掲げたものです。「世系（descent）」とは、生まれによって決まる法律上ないし事実上の身分階層のことを指し、インドにおけるカースト差別や日本の部落差別などがこれに含まれます。

在日コリアンが受ける差別は、（日本国籍がない人の場合には公立学校の教員のような公務員になることに制限があるといった法的な障壁が公的にあることに加え）、社会的なものとしては「民族的もしくは種族的出身（national or ethnic origin）」による差別にあたります。在日コリアンは、朝鮮籍⓫、韓国籍、日本籍⓬など法的地位はさまざまですが、各人の実際の国籍にかかわらず、朝鮮半島出身者やその子孫であるということで差別を向けられるからです。

人種差別撤廃条約第1条は、それらの事由によって「あらゆる公的生活の分野」で人権の享有や行使を妨げたり害したりするものを人種差別としていますが、**ここでいう「公的生活（public life）」の分**

・・・ 注 ・・・・・・・・・・・・・・・・・・・・・・・・・・・・・・・

❿　なお、根本的には、人間はすべてひとつの「種」に属し、生物学的特徴といっても相対的なもので、「人種」というものはない、と考えられています。ですが、にもかかわらず人種を理由とした「人種差別」は広く存在しているので、人種差別に対するとりくみが国際人権法でも行われているのです。

⓫　前著『友だちを助けるための国際人権法入門』第5章で述べたように、これは「北朝鮮籍」ということではありません。1945年の終戦時に日本にいてその後日本に定住することになった朝鮮半島出身者やその子孫は、日本の法律上、「朝鮮」籍として扱われてきました。その後、1965年に日本が韓国と国交を樹立した時に「韓国」籍を取得した人も多くいましたが、それをしなかった人は「朝鮮」籍のまま残っているというだけです。

⓬　帰化によって日本国籍を取得した人がいるほか、国籍法上、父か母が日本国籍であれば生まれた子どもは日本国籍を取得するので、日本国籍をもつ子どもたちも増えています。

109

野とは、企業活動も含め、社会の一員としての人間の活動全般を指します（外務省「人種差別撤廃条約 Q&A」http://www.mofa.go.jp/mofaj/gaiko/jinshu/top.html）。純粋に私的な、個人の自由に属する活動を除いて、不特定多数の者を対象とするあらゆる活動がこれに含まれます。Eさんの会社のような職場、学校、商店などは、当然に、「公的生活」の分野に入ります。

　このように、あらゆる公的生活の分野で人種差別をなくすことを目的としていることから、人種差別撤廃条約は締約国に対して、国や地方の公的機関が人種差別をしないように確保することや、差別的な法律を改廃することだけでなく、個人や集団、団体による人種差別をも国が「禁止する」ことを義務づけています。

人種差別撤廃条約 第2条 【人種差別撤廃義務】

1項　締約国は、人種差別を非難し、また、あらゆる形態の人種差別を撤廃する政策及びあらゆる人種間の理解を促進する政策をすべての適当な方法により遅滞なくとることを約束する。このため、

(a) 各締約国は、個人、集団又は団体に対する人種差別の行為又は慣行に従事しないこと並びに国及び地方のすべての公の当局及び機関がこの義務に従って行動するよう確保することを約束する。

(b) 各締約国は、いかなる個人又は団体による人種差別も後援せず、擁護せず又は支持しないことを約束する。

(c) 各締約国は、政府（国及び地方）の政策を再検討し及び人種差別を生じさせ又は永続化させる効果を有するいかなる法令も改正し、廃止し又は無効にするために効果的な措置をとる。

(d) 各締約国は、すべての適当な方法（状況により必要とされるときは、立法を含む。）により、いかなる個人、集団又は団体による人種差別も禁止し、終了させる。（後略）

人種差別撤廃条約 第6条 【人種差別に対する救済】

締約国は、自国の管轄下にあるすべての者に対し、権限のある自国の裁判所及び他の国家機関を通じて、この条約に反して人権及び基本的自由を侵害するあらゆる人種差別の行為に対する効果的な保護及び救済措置を確保し、並びにその差別の結果として被ったあらゆる損害に対し、公正かつ適正な賠償又は救済を当該裁判所に求める権利を確保する。

●裁判所によって効果的な救済措置を受ける権利

　また、人種差別撤廃条約は上のように第6条で、条約の定める人種差別を受けた被害者が、裁判所によって効果的な救済を受ける権利を保障しています。

　このため、Eさんは、人種差別であることをはっきり認めてもらうために控訴しました。筆者もこの訴訟で国際人権法の観点から意見書を書いて裁判所に提出しました（「ヘイトハラスメント裁判を支える会　会報」23号、2021年11月18日 https://44848b99-d0a2-4d2c-9e6f-552d0d3e1705.usrfiles.com/ugd/44848b_cf93d80911ef466992e55f7541ea4b41.pdf に掲載されています）。その要点は、**日本政府が人種差別撤廃条約加入にあたり、個人や集団、団体による人種差別を「禁止する」とした第2条1項（d）の規定は既存の国内法（民法など）で実施できるという立場を取り、何も立法措置をとらなかったこと、また、第6条は被害者が裁判所による効果的な救済を受ける権利を保障していることからすれば、裁判所は、このような民事訴訟で人種差別撤廃条約の趣旨をふまえて民法を解釈・適用し、効果的な救済を与えなければならない**、ということです。

本件のような事案で、人種差別をそれとして認定して、人種差別撤廃条約に照らして許されない、とはっきり裁判所が言うのでなければ、人種差別撤廃条約はそれこそ絵に描いた餅になってしまいます。

　その結果、控訴審では大阪高裁は、人種差別撤廃条約にふれ、その適切な実施を確保する必要について言及する判決を出しました（2021年11月18日判決）。

　裁判所は、「**我が国は、人種差別撤廃条約への加入に当たり、特別な実施法を制定していないが、それは、憲法以下の既存の国内法の規定（不法行為に関する諸規定等を含む）により、同条約の国内的実施を担保することができると解されたからである。したがって、私人間における人種差別に関する紛争について国内私法の解釈及び適用を行うに当たっては、人種差別撤廃条約の解釈を踏まえ、私人間の関係を含む「あらゆる公的生活の分野」において、その国内的実施が適切に行われることを確保する必要がある**」とし、会社と会長の責任について判断するにあたっても、憲法第14条に加え、人種差別撤廃条約の国内的実施の観点を考慮しなければならない、と述べています。

　そのうえで、使用者は労働法上、労働者の職場環境に配慮する義務があるのに、**会社と会長は、民族的出自にかかわる差別的思想を職場で醸成したりそれを是正しなかったりしたことで、職場環境配慮義務に違反し、不法行為責任や債務不履行責任を負う**、と認めて損害賠償を命じたのです（その後最高裁で上告棄却・不受理となり、高裁判決が確定しました）。

　このフジ住宅事件で、裁判所が人種差別の側面をきちんと認め、人種差別撤廃条約の国内実施という観点をふまえた法解釈をしたことは高く評価できます。職場でこのような行為を行うことは職場環境配慮義務に反する、という判断も重要です。

◉「ビジネスと人権」の観点からも問われる

　この会社は東証一部プライムに上場もしている大企業ですが、そのような企業が自ら、国際人権法に反する人種差別行為を行っていたことの問題性は、「ビジネスと人権」の観点からしても問われなければなりません。

　また、根本的には、日本の法制度において、公的生活の分野における人種差別をしっかりと法律で禁止できていないこと、そして、被害当事者だけががんばることを迫られるのではなく、社会の中のさまざまな人権問題について公的に取り上げて調停や勧告などを行う「国内人権機関（National Human Rights Institution）」（コラム⑤を参照）がないことが、大きな欠落です。

❖ 社会生活における人種差別を禁止する法律がない日本

　先にみた通り、人種差別撤廃条約は第2条1項（d）で、国は個人や集団、団体による人種差別も「禁止し、終了させる」ことを義務づけています。条文上は、立法は必要な場合、という規定の仕方になっていますが、日本各地で頻繁に起きている入居差別や入店拒否、人種差別的ヘイトスピーチ、本件のような会社内での人種差別行為などからすれば、法律をつくる必要性は明らかです。**人種差別を本当に「禁止し、終了させる」ためには、何が禁止される「人種差別」にあたるのかをはっきりと明記していて、人びとが行動の指針とすることができる、「人種差別禁止法」のような法律をつくることがもっとも効果的です。**

たしかに、日本の憲法は、第14条1項に、「すべて国民は、法の下に平等であって、人種、信条、性別、社会的身分又は門地により、政治的、経済的又は社会的関係において、差別されない」と規定しており、ここには人種差別も含まれています。ただし、憲法は、直接的には、国務大臣や国会議員、裁判官などの公務員に向けられた規範（第98条）なので、私人や団体に対しては憲法の規定は直接の根拠としては使いにくいのです。また、人種差別撤廃条約のような人権条約は、締約国に対して、条約に定める権利を守るよう義務づけるものですから、やはり、私人に対して直接に「条約違反」を主張することは難しく、別途に法律を整備することが求められるのです。

◉ヘイトスピーチ解消法は対象が狭く、禁止規定がない

　人種差別撤廃条約加入時に日本は何も国内法整備をしなかったものの、その後、とくに2010年代に入ってからのヘイトスピーチ、ヘイトデモの激化を受けて、2016年には「本邦外出身者に対する不当な差別的言動の解消に向けた取組の推進に関する法律」（いわゆる「ヘイトスピーチ解消法」）が制定・施行されています。これは、人種差別に対するとりくみとしては日本初の法律であり、この後、ヘイトスピーチに関する民事訴訟では、裁判所が憲法や人種差別撤廃条約に加えこの法律にも言及して、人種差別が不法行為にあたり違法だとする判決を出すケースも増えています（フジ住宅事件もそうでした）。

　他方で、ヘイトスピーチ解消法は、前文で不当な差別的言動が「あってはならない」という理念を述べ、本文では国や自治体がヘイトスピーチ対策にとりくむ責務について定めたにとどまり、ヘイトスピーチを禁止する規定はおいていません。

　また、対象は「本邦の域外にある国又は地域の出身」であって「適

法に居住するその出身者又はその子孫」に対するヘイトスピーチです。主に在日コリアンが念頭におかれたものですが、在留資格のない外国人やアイヌ民族、琉球民族は含まれていません。このように**対象をわざわざ狭く限定していること、また禁止規定をもたないことから、この法律を人種差別撤廃条約の国内実施法とみることは困難です。**

　諸外国の差別禁止法は、人種差別撤廃条約が規定するものをはじめとする差別禁止事由を広く挙げ、それらのいずれかに基づく差別行為を違法とします。日本では、難民申請者や在留資格のない外国人に対するヘイトスピーチもしばしば起きており、それらもなくしていくための実効的な人種差別禁止法が求められています。

ポイント

★ 会社という公的生活の場で、民族的・種族的出身などに基づいて行われる差別は、人種差別撤廃条約にいう人種差別。「ビジネスと人権」の観点からも許されない。

★ そのような人種差別に対して、国は裁判所を通して被害者に効果的な救済を確保する義務がある。

★ 人種差別撤廃条約は、個人や集団、団体による人種差別も禁止する義務を国に課しており、人種差別が頻発している日本でも、人種差別禁止法のような法律を制定する必要がある。

コラム⑤

差別禁止法と国内人権機関

国内人権機関（National Human Rights Institution）とは、政府から独立した立場で、人権問題に対する幅広い任務をもった国家機関を指します。国際社会ではそのような機関の重要性が広く認識され、国連人権委員会と国連総会はそれぞれ1992年、1993年に、「パリ原則」と呼ばれる、国内人権機関の地位に関する決議を採択して、政府からの独立性や任務の広範さなど、求められる国内人権機関の概要を示し、各国に設置を促しています。

パリ原則への準拠を認証する制度を運用している「国内人権機関グローバル連合（Global Alliance of National Human Rights Institutions, GANHRI）」によると、2024年6月現在で、世界の国内人権機関の数は118。そのうち、Aランク認証、つまり、パリ原則の基準を十分に満たす国内人権機関として認知されたものは90あります。アジア・太平洋地域では、オーストラリア、インド、インドネシア、マレーシア、モンゴル、ネパール、ニュージーランド、フィリピン、韓国、タイなどが、Aランクの国内人権機関をもっています。

国内人権機関は、法制度やその運用を含めて、国の人権状況を、憲法上の人権だけでなく、国が批准・加入している人権条約などの国際人権法に照らして監視（モニタリング）し、改善に向けて調査研究や勧告などの活動を行う機関として機能しています。また、人権保障に関する国の法律（個別の差別禁止法ないし包括的な差別禁止法。「人権法」という名称のこともあります）を所轄し、法律に反する差別や人権侵害の申し立てを受けつけ処理する任務が与えられている場合も多いです。

❖ オーストラリアの差別禁止法と人権委員会

オーストラリアの例を紹介しましょう。オーストラリアは連邦国家で、各州にも差別禁止に関する法令がありますが、連邦レベルでいうと、性差別、人種差別、障害差別、年齢差別の4つの差別についてそれぞれ差別禁止法があります。

オーストラリアの人種差別禁止法は、人種差別撤廃条約の批准を受けた国内

法整備として 1975 年に制定された法律で、そのことが前文にも明記されています。その後何回か改正されていますが、2022 年改正後の現行法から、重要な箇所をいくつか下に抜粋してみます。

Racial Discrimination Act 1975 （オーストラリアの人種差別禁止法, 1975 年）

No. 52, 1975

—— （略）——

第 2 部　人種差別の禁止など

—— （略）——

9　違法となる人種差別

(1) 何人も、人種、皮膚の色、世系又は民族的もしくは種族的出身に基づく区別、排除、制限又は選好を伴う行為であって、政治的、経済的、社会的、文化的その他公的生活のあらゆる分野における人権又は基本的自由の平等な立場での承認、享有又は行使を妨げ又は害する目的又は効果を有するものを行うことは違法である。

(1A) 以下の場合：

(a) ある者が、他者に対し、事案の状況に照らして合理的でない条件又は要件に従うよう要求する場合。

(b) 他人がその条件又は要件に従わない、又は従えない場合。

(c) 遵守を要求することが、相手と同一の人種、皮膚の色、世系又は民族的もしくは種族的出身を有する者による、政治的、経済的、社会的、文化的その他公的生活のあらゆる分野における人権又は基本的自由の、平等な立場での承認、享受又は行使を妨げ又は害する目的又は効果を有する場合。

このような遵守を求める行為は、本部の適用上、他の者の人種、皮膚の色、世系又は民族的もしくは種族的出身に基づく区別を伴う行為又は人種、皮膚の色、世系又は民族的もしくは民族的出身を理由として行われる行為として取り扱われる。

(2) この節における政治的、経済的、社会的、文化的その他公的生活の分野における人権又は基本的自由への言及は、人種差別撤廃条約第 5 条にいう種類の権利を含む。

—— （略）——

11　場所および施設への立ち入り

何人も、他人の人種、皮膚の色、民族的もしくは種族的出身、又はその親族や関係者の人種、皮膚の色、民族的もしくは種族的出身を理由として以下のことを行うことは違法である。

(a) 公衆の構成員又は公衆の一部が立ち入り又は使用する権利を有し、又は許可されている場所又は車両への他者の立ち入り又は使用を拒否すること、あるいは、その場所又は車両への立ち入り又は使用を許可する条件よりも不利な条件を除き、その場所又は車両への他者の立ち入り又は使用を拒否すること。

(b) そのような場所又は車両において、公衆の構成員又は公衆の一部が利用できる施設の利用を他者に認めないこと、又は、そのような施設の利用を他者に認める場合よりも不利な条件でなければ、そのような施設の利用を他者に認めないこと。

(c) 他者に対し、そのような場所、車両、又はそのような施設から退去すること、又はそのような施設の使用を中止することを要求すること。

（原文：https://www.legislation.gov.au/C2004A00274/latest/text より）

コラム ⑤

オーストラリア人権委員会のホームページ
https://humanrights.gov.au より

　このように、この法律は人種差別撤廃条約の定める人種差別の定義に沿って、禁止される人種差別を明記し、第9条では、条約第5条の定めるさまざまな経済的・社会的・文化的権利（労働、医療教育など）その他いかなる公的生活の分野においても民族的出身などによって区別や排除をすることは「違法である」とはっきり規定しています。第11条では場所やサービスの利用について規定しているほか、それ以降の規定では、住居、雇用などについて同様の規定をおいています。

　オーストラリアでは政府から独立した国内人権機関として「オーストラリア人権委員会」があり、人種差別禁止法などの連邦の差別禁止法を所轄しています。人種差別禁止法に関しては委員会の中に「人種差別コミッショナー」がおかれています。

　人種差別禁止法のような差別禁止法に反して差別を受けたと主張する人は、オーストラリア人権委員会に申し立てをすることができ、委員会は無料で調査や調停を行います。調停で解決しない場合には被害者が裁判を起こすこともできますが、委員会による調停は裁判よりも簡潔で迅速な救済を提供しています。**委員会はまた、法律上の広範な任務・権限に基づき、人権に関する**

法制度や政策の見直しを政府に勧告したり、人権教育・研修を行ったり、裁判の事案では独立の立場で人権に関して意見を述べたり、オーストラリアが国際人権法を国内できちんと遵守しているかどうかについて政府とは異なる独立の立場で国連機関に報告書を出したり、という活動を幅広く行っています。

❖ イギリス平等法と平等・人権委員会

オーストラリアは個別の差別禁止法をもっている例ですが、**イギリスのように、さまざまな差別禁止事由をまとめて規定した、包括的な差別禁止法を制定している国もあります（2010年平等法）**。

この法律は、年齢、障害、性転換、婚姻及びパートナーシップ、妊娠及び出産、人種、宗教又は信条、性、性的指向という9つの事由による差別をカバーしており、「差別」としては、直接差別、間接差別、被害者への報復のほか、ハラスメント（差別禁止事由による歓迎されない行為であって、人の尊厳を侵害するか又はその人にとって脅迫的な、敵対的な、侮辱的なもしくは品位を傷つける環境を創出する目的又は効果をもつもの）を含むとされています（また、障害差別に関しては、合理的配慮をしないことを含みます）。

そして、この2010年平等法の執行のための国内人権機関として、「**平等・人権委員会（Equality and Human Rights Commission）**」が設置されており、人権問題についての調査・研究、人権状況に関するデータ収集、法律制定過程で

イギリス平等・人権委員会のホームページ　https://www.equalityhumanrights.com/about-us より

コラム⑤

の助言・勧告、政府への助言、裁判の事案での意見提出、使用者への人権教育・研修など広範な活動を行っています。2021年には、エスニック・マイノリティの人びとが人種差別に対して法的に救済を得るための基金（The Race Legal Support Fund）も立ち上げ、そうした裁判の事案で、弁護士などの訴訟費用のための財政的な支援も開始しています。

イギリスにはこのほかにも、「**子どもコミッショナー（Children's Commissioner）**」という、子どもの権利に特化した国内人権機関もあります。**イギリスで、非就労世帯に対する生活保護給付に一律に上限を設ける省令案を政府が国会に提出した際、「子ど**もコミッショナー」は、子どもがいる家庭について「子どもの個別の状況に関係なく一律に上限を課すことは、子どもの権利条約第3条1項に基づく最善の利益の原則に抵触しうる」という見解を表明しました。2015年にイギリスの最高裁は、この省令をめぐる裁判で、そのような子どもコミッショナーの見解も引用して、省令は子どもの権利条約の定める子どもの最善の利益の原則に反するという判決を出しています（*R v. Secretary of State for Work and Pensions*, 18 March 2015, [2015] UKSC 16）。

このように、人権問題について政府から独立の立場で検討する国内人権機関の見解が、司法の判断を左右することもあるのです。

❖ 日本にも包括的な差別禁止法、そして国内人権機関を

日本では、障害者権利条約の批准（日本は2014年）のための国内法制度の整備の一環として、2013年に「障害を理由とする差別の解消の推進に関する法律」（**障害者差別解消法**）が制定されるなど（2016年4月1日施行）、個別の分野では、差別撤廃に向けた法律の整備が少しずつ進みつつあります。しかし総合的にみて、日本の法制度はまだきわめて不十分です。**人種差別撤廃、女性差別撤廃など主要な課題について、国**際人権法をふまえた国内法の整備ができていません。

また、2020年からのコロナ禍では、新型コロナウィルス感染者や医療従事者、外国人などへの差別が増える中、政府が感染対策や経済対策をするだけでなく、差別を禁止する法律が必要だという声が上がりました（「今こそ差別禁止法を」東京新聞2020年5月24日）。この記事で報道されたシンポジウムの中で、「ハンセン病市民学会」の共同代表

である内田博文・九州大学名誉教授は、かつて官民がハンセン病患者を探し出し隔離した「無らい県運動」が、差別をあおるコロナ禍での「自粛警察」での動きに似ていること、自粛下で人権侵害事件の相談体制も弱くなっていることを指摘しています。

❖ 人権条約の委員会は、包括的な差別禁止法の制定をくり返し勧告

ハラスメント（性や性的指向を理由としたセクシュアル・ハラスメント、有利な立場にある者によるパワー・ハラスメントのほか、フジ住宅事件のように民族的出身に基づくレイシャル・ハラスメントなども）について言えば、イギリスの平等法のように、禁じられた事由に基づく「差別」の一環にも含められるもので、このように差別禁止法の中でハラスメントを禁じている国も多くあります。

ですが**日本の場合、（性的指向はおろか）性を理由とした職場でのセクハラや、上司などからのパワハラすら、事業主に防止のための措置を義務づけるというかたちの緩い法規定しかなく、法律で「禁止」ができていない**のです。

ハラスメントをそれ自体違法として禁止し、制裁措置が規定されているのでなければ、加害を防ぐ効果は弱く、また、被害者が法的に救済を受けるにも、不法行為などの一般規定を使った迂遠な方法しかとれません。

人種差別撤廃委員会、自由権規約委員会、社会権規約委員会、女性差別撤廃委員会など、人権条約の委員会は、日本政府報告書審査後の総括所見で、包括的な差別禁止法を制定すべきことをくり返し勧告しています。あわせて、国内人権機関の設置も、これらの委員会から毎回くり返し勧告されています。

❖ ILO「職場における暴力とハラスメントの撤廃に関する条約」

就職活動中の女子大学生が訪問先の会社員からセクハラを受けるという「就活セクハラ」も大きな問題になっています。

2019年6月にはILOで「**職場における暴力とハラスメントの撤廃に関す**る条約」（190号条約）も採択されました。**この条約は、受け入れがたい言動や慣行であって身体的、心理的、性的又は経済的被害を生じさせる目的又は効果をもつものを「職場における暴力及びハラスメント」とし、契約上の地**

コラム ⑤

位にかかわらず、インターンや見習い生、求職中の人に対するものも含めて、国が職場におけるすべての暴力とハラスメントを法律で禁止することを定めており、日本もぜひ批准することが求められるものです。

なお、ILOは三者構成をとり、条約の採択時には、政府代表のほか使用者代表と労働者代表も投票できるのですが、この条約の採択時、日本政府は賛成票を投じていたものの、使用者団体である経済団体連合会（経団連）は棄権しています。

日本では労働者の人権を守る法制度が非常に弱く、ILOの最初の条約（1919年の第1号条約。1日8時間・週48時間の労働時間）すら、時間外労働（＝残業）の法的規制が緩すぎるために批准できていません。また、差別の関係では、ILOの中核的な労働基準に含まれる、1958年の第111号条約（雇用及び職業に関する差別の撤廃のための条約。人

種、皮膚の色、性、宗教、政治的見解、国民的出身、社会的出身に基づく差別の撤廃を目指す）も、国内法整備がされていないためいまだに批准できていません。

日本が法律でハラスメント禁止の規定を設け、第190号条約を批准できる条件が整うようになるためには、「ハラスメントを禁止するとなったら、少しくらい厳しい『指導』もできなくなる」といった旧態依然たる考え方や、「根性」論的で人権侵害的な企業文化を変えていく必要があります。またそのためにも、男性ばかりといった、同じ属性をもった人びとだけで構成される組織ではなく、女性、性的マイノリティなど社会の中にいるさまざまな人たちの多様性（ダイバーシティ）が反映され、そのような人たちの声が届くような組織に、日本の企業も変わっていかなければならないのです。

（申 惠丰）

コラム ⑥

公人によるヘイトスピーチや
差別発言の問題性

上記では、私人や団体による人種差別についてみてきましたが、**実のところ、日本の場合、そのような差別よりもはるかに深刻な問題は、公人による差別や人権侵害です。国会議員、国務大臣、地方議会議員、地方自治体の長といった、公権力をもった人物による言動は、私人のそれとは比較にならな**いほど、社会に与える影響力が大きいものです。実際、日本では、首相や与党の国会議員など、権力の座にある者が行った言動が、人権侵害の被害者にさらなる苦痛を与えるばかりか、社会の中でヘイトスピーチや人権侵害を激化させる効果をもたらす、ということがたびたび起きてきました。

❖ 自民党国会議員による人権侵害とそれへの無策

レイプ被害を告発した伊藤詩織さんについて、「枕営業大失敗」などと書いた漫画家らと一緒にインターネット番組で面白おかしく中傷したり、テレビ局のインタビューに対して「女としても落ち度がある」と述べたりした自民党衆議院議員（安倍派）の杉田水脈氏はその一例です。伊藤さんの事件の加害者である元 TBS 記者は、当時の安倍晋三首相の評伝を出版するなど、首相と親しい人物でした。杉田氏はその他にも、2018 年には、月刊誌の中で、同性愛者は子どもをつくれないので「生産性がない」と述べるなど、マイノリティに対する差別発言をくり返してきました。

ツイッターで伊藤さんを中傷する多数の投稿に杉田氏が「いいね」を押して伊藤さんの名誉を傷つけたとして伊藤さんが提起した民事訴訟で、東京高裁は 2022 年 10 月 20 日、「積極的に名誉感情を害する意図で『いいね』を押しており、限度を超えた侮辱行為で不法行為に当たる」として 55 万円の賠償を命じていますが、情報が瞬時に拡散される今日のネット社会で、国会議員という公的立場にある者（杉田氏のフォロワーは当時約 11 万人）が行った行為に対するものとして、この賠償額はおよそ被害に見合わないものです。

また、2016 年に女性差別撤廃委員

コラム⑥

会に参加した市民団体について、杉田氏がブログやX（旧ツイッター）に「チマ・チョゴリやアイヌの民族衣装のコスプレおばさんまで登場。完全に品格に問題があります」と書き込んで中傷したことについて、**アイヌ民族の多原良子さんが法務局に人権救済を申し立てていた事案で、札幌法務局は「人権侵犯」があったと認定しました。**法務局の人権救済とは、当事者から人権侵害の申し立てを受け、調査すべきかどうか検討したうえで、調査が決まれば加害者本人や周辺に事実確認をし、人権侵犯を認定すると「啓発」「要請」「説示」といった措置を実施するという手続です。

しかし、杉田氏の事案では、人権侵犯の認定を受けて「啓発」措置が実施されたとなっているものの、具体的にどのような啓発をしたのかは、法務省は「個別事案のため答えられない」と明確にしていません。杉田氏の事務所も、どのように受けとめているかについてコメントを出さず、また、自民党本部からの指導なども「一切ない」としています（「『人権侵犯』の認識あるの？」東京新聞 2023年9月26日）。

杉田氏は、「生産性」発言が問題になった際は総務政務官を辞任したものの、その後も国会議員を務めています。与党の国会議員が率先して差別的な発言を拡散していること、そしてそれに対して国の機関が「人権侵犯」（＝人権侵害）だと認めても、それに対しての制度的な対応が、内容もわからない「啓発」だけということについて、みなさんはどのように考えますか。

❖ 公人による差別発言に対しては，政府からの公約な声明が必要

法制度だけでなく、人権問題に対する政府の姿勢や、それを批判する世論の力も重要です。人権を守るための国政を掲げている立憲民主主義の国において、政治家が公然と差別発言を行うことは、たった1回でも、世論の批判を浴びて当然であり、本来であれば、政治家にふさわしくないとみなされて政治生命を失うくらい重大なことです。

まして、差別発言をくり返し、人権侵害を行ったという認定を受けている与党政治家が、反省して謝罪するわけでもなく、党から是正を求められるわけでもなく、そのまま国会議員として公権力を行使しつづけていることは、人権問題に対する与党および政権の認識の低さを表しています。

国会議員は、国民の代表として、国

会という、法律制定にあたる「国権の最高機関」（憲法第41条）を構成する存在であり、憲法上、憲法を守る義務を課されています（憲法第99条「天皇又は摂政及び国務大臣、国会議員、裁判官その他の公務員は、この憲法を尊重し擁護する義務を負ふ」）。大臣や、その長である首相も、この憲法尊重擁護義務を負っています。**また、人種差別撤廃条約は、締約国が、「国又は地方の公の当局又は機関が人種差別を助長し又は扇動すること」を認めてはならないという義務（第4条（c））を規定しています。国会議員のような公の人物**が人種差別をあおる発言をしている時には、政府はまっさきにそれに対応し、首相や法務大臣といった責任ある立場にある政府高官が、「人種差別をあおることは許されない。政府は人種差別を認めない」と公的に表明することが必要なのです。

与党の国会議員が自ら女性差別や人種差別の発言をくり返しているなかで、それに対する法的対応も、政府の対応もないに等しいことに対して、私たちはもっと危機感をもち、声を上げていかなければなりません。

❖「あいちトリエンナーレ2019」の企画展「表現の不自由展・その後」へのバッシングの異常さ

また、日本が引き起こした過去の人権侵害にかかわる芸術作品の展示をめぐり、その事実を否定したい公人が介入して大きな問題となったのが、2019年8月に行われた国際芸術祭「あいちトリエンナーレ2019」の企画展「表現の不自由展・その後」へのバッシングのケースです。

この企画展では、日本軍の「慰安婦」とされた女性をモチーフとした「平和の少女像」が展示されていましたが、これに対して、松井一郎大阪市長（当時）が「にわかに信じがたい！」など

とX（旧ツイッター）に投稿し、また河村たかし名古屋市長が、「どう考えても日本人の心を踏みにじるものだ。税金を使っているから、あたかも日本国全体がこれを認めたように見える」と述べて、大村秀章愛知県知事に即時中止を呼びかける公文書を送りました。菅義偉官房長官も、「補助金交付の決定にあたっては、事実関係を確認、精査して適切に対応したい」と述べ、これらの一連の発言がつづくなかで会場には抗議の電話やメール、脅迫電話などが殺到して、展示は一時中止に追い

125

込まれました。

　戦時中に日本軍の「慰安婦」とされた女性たちの存在は、1990年代に入って被害者が被害を公にして日本政府を相手どって提訴する中で表面化し、これに対して日本政府も、政府として初めて調査を行ったうえで官房長官談話（「甘言、強圧によるなど総じて本人たちの意思に反して行われた」と認め、「多数の女性と名誉と尊厳を深く傷つけた」とした1992年の「河野談話」）を発表して対応してきました。

　政府調査で発掘された日本政府や日本軍の公式文書、被害者の証言などの資料は、日本政府と国民の協力による償い事業として発足し活動した「アジア女性基金」の資料サイト「デジタル記念館　慰安婦問題とアジア女性基金」（https://awf.or.jp/）に掲載されていますし、歴史学者の方々が中心となって運営しているウェブサイト「FIGHT FOR JUSTICE 日本軍『慰安婦』―忘却への抵抗・未来の責任」（https://fightforjustice.info/）にもくわしい資料が多数あります。

　しかし、2007年に安倍晋三首相が「官憲が人さらいのごとく連れていく強制性はなかった」と国会で答弁し、（「食堂で働いて家に送金できる」などと言われ、だまされて連れて行かれた人も多くいたにもかかわらず）連行の時点での強制性の有無に問題を矮小化する立場をとって以降、与党政治家の中では、「慰安婦」にされたのは強制的なものではなかったとして人権侵害を否定する言説がまかり通るようになりました。ですが、**連行のされ方は甘言、強圧、誘拐などさまざまでも、連れていかれた先で、逃げられない状況におかれて連日、日本兵との性行為を強いられたことこそが、性暴力であり性奴隷制だとされるゆえん**なのです。

　安倍首相は、連行時点での強制だけをとって強制はなかったという立場をとりつづけたため、被害者にはとうてい受け入れられず、2015年の朴槿恵政権との間での日韓合意（日本が「責任」を認めてお詫びし、10億円を拠出する）も、事実を認めないのであれば意味がないとして拒絶する人が相次ぎました。

❖「慰安婦」の問題は、被害を受けた女性たちの人権の問題

　要するに、**戦時中に政府と軍が日本兵のための「慰安所」を設け、多くの女性、とりわけ、当時日本が植民地に**していた朝鮮半島の女性たちを「慰安婦」としたこと自体は、日本政府もすでに認めて公表している、争いのない

ことがらなのです。

1990年代以降、韓国や中国の被害者が日本の裁判所に提訴した数々の事案では、事実関係を政府は争わず、裁判所によっても事実が認定されています。**しかし、「あいちトリエンナーレ2019」で起きたことは、そのような重大な人権侵害の被害に遭った人に思いを致すという趣旨で芸術家が創った、チマ・チョゴリ姿の少女がただ椅子に座っている像、その像を日本国内の芸術祭で展示することすら、まかりなら**ない、として妨害する、右派政治家の権力的介入でした。

自国が過去に起こした人権侵害について、「語る」「ふれる」ことすら許そうとしないこと、まして、それを市長のような公人が先頭に立って行うことは、民主主義の国ではあまりにも異常なことです。「慰安婦」の問題は本来、日韓など国家間の政治問題ではなく、被害を受けた女性たちの人権の問題です。そのことを忘れてはいけません。

❖ 対立をあおる安直なナショナリズムに流されてはいけない

ちなみに、安倍首相は「慰安婦」や「徴用工」（前著『友だちを助けるための国際人権法入門』コラム⑥を参照）の問題に対する責任のとり方をめぐる日韓間の対立を背景に、この年（2019年）の7月から8月にかけては、韓国に対して、フッ化水素など半導体関連素材の輸出管理措置を急に強化して輸出制限する措置をとりました。日本政府は「適切な貿易管理措置」としていましたが、自民党内での議論からして、「徴用工」問題などに対する韓国への経済制裁的措置だったことがわかっています（「やっぱり経済制裁では？」東京新聞2019年8月10日。安倍首相も2023年に出版された回顧録の中で、「徴用工」問題への対抗措置として発案したことを認めています）。この輸出規制措置は2023年3月までつづきました。

しかし、**この経済制裁措置により、韓国の企業は素材や部品の国産化への切り替えを急ぎ、結果として日本企業は、経済制裁解除後も、韓国の半導体関連市場を大きく失ったことが明らかになっています**（「半導体製造『日本リスク』回避へ 失ったシェア」朝日新聞2024年3月24日）。

自国の過去の人権問題に向き合おうとしない政治家たちが、芸術作品ひとつの展示にすら権力的に介入して分断・対立をあおり、さらには、貿易関係にも

コラム ⑥

政治的に介入して、結果的に自国の経済にダメージを与えたという現実。

　私たちは、公権力をもった人びとの横暴な言動に対して注意の目を向けていかなければなりませんし、「慰安婦」や「徴用工」のように、一見、国家間の政治的対立のように見えることがらについても、その本質は一人ひとりの人権問題なのだということを、対立をあおる安直なナショナリズムに流されず冷静に見つめなければなりません。

（申 惠丰）

第6章

外国人の人権

**外国人でも、在留資格がなくても、
国が守るべき人権がある**

case 6

在留資格を失ったために入管収容施設に収容された後、体調を悪化させ、病院に連れて行ってもらえずに死亡してしまったＦさん

　私と日本語学校で一緒に学んでいたスリランカ人のＦさん（30代、女性）は、いつの間にか学校に来なくなり、連絡もとれなくなりました。その後わかったところによると、同居していたスリランカ人男性からのＤＶに悩み、警察に相談に行ったところ、ビザが切れていたため、入管法（出入国管理及び難民認定法）により退去強制事由にあたるとして、入管庁（出入国在留管理庁）の収容施設に収容されてしまったのだそうです。

　私は何回か収容施設に面会に行ってみましたが、Ｆさんは会うたびに痩せていき、とても体調が悪そうで、ここから出してほしいと訴えていました。そしてとうとう収容から半年あまり経ったころ、Ｆさんが収容施設で亡くなったことを報道で知りました。

　報道によると、Ｆさんは収容施設でひどく体調を崩し、点滴をしてもらうことや外部の病院に連れて行ってもらうことを職員に懇願していたのですが聞き入れられず、死亡したとのことです。入管収容施設は、法律に基づいて国が管理し、人を収容している場所なのに、どうして、健康だった30代の女性が半年ほどでこんなことになるくらい、収容している人の健康や生命を守れていないのでしょうか。また、Ｆさんのように病気で亡くなる人以外にも、入管収容施設では、

> 家族からも引き離されて何年も収容されている人が、絶望して自殺を図るということもしばしば起きていると聞きます。なぜ、在留資格がないというだけで、何年も人を施設に拘禁しているのでしょうか。

❖ 司法チェックなく、
入管庁という行政機関の判断だけで「全件収容」

　これは、2020年8月に入管収容施設に収容され2021年3月に亡くなったスリランカ人女性、ウィシュマ・サンダマリさん（享年33）の事件を基にしたものです。ウィシュマさんは、日本で英語教師になることを志して来日し、日本語を学ぶため日本語学校に通っていましたが、同居していたスリランカ人男性との関係が悪化して学校にも通わなくなり、その間に、日本のビザも期限切れになってしまいました。ウィシュマさんは、男性から受けていたDV被害について警察に相談に行きましたが、警察では、超過残留であり入管法違反として退去強制（＝強制送還）の対象になるとして、入管の収容施設に連れていかれそのまま収容されてしまいました。

　刑事手続では、犯罪の疑いで人を逮捕した後、身柄を勾留するには、逮捕後72時間以内に検察官がその人を裁判官の面前に連れて行き、勾留の必要があると裁判官が認めた場合に勾留を許可することが必要です。しかし、入管法上の手続では、そのような司法のチェックは入らず、法務省の出入国在留管理庁という行政機関の担当者（主任審査官）が出す「収容令書」だけで、人を収容することができるのです。しかも、入管法の運用上、入管法違反の人すべてを収容対象とする「全件収容」主義がとられています。

収容令書による収容は、最大30日間で、加えて30日間の延長が可能ですが、いよいよ退去強制手続が発動されて入管の主任審査官から「退去強制令書」が出されると、入管法上、収容期間は「送還可能なときまで」となっており（第52条5項）、期限の上限が規定されていません。この規定は本来、退去強制が決まった人が実際に航空機や船舶で送還されるまでの準備期間の趣旨で設けられているものですが、実際には、本人が、日本に家族がいるために送還を拒否していたり、難民申請中であるために送還ができなかったりする場合は、収容が何か月、何年と長期化することがあります。

◉入管による収容には慎重な判断が求められる

　2002年3月1日の決定で東京地裁は、身体を拘束することは生命を奪うことに次ぐ重大な人権侵害であり、そのような行為を入管という行政機関が行うこと自体が法的には異例のことなのだから、収容については入管も裁判所も慎重に判断しなければならない、と述べ、**難民にあたる可能性がある人については、退去強制令書を出して収容する前に、難民条約に照らして移動の自由の制限が必要かどうかを検討する必要がある**、としました。そして、原告のアフガニスタン人は難民と認められる人なのに、収容してしまえば、他国への入国許可を得るための活動も阻害され、回復しがたい損害を受けるおそれがあるとして、退去強制令書の執行停止を一部認めました。

　このような司法判断が相次いだことから、2004年の入管法改正では、難民申請者で一定の条件を満たす人については「仮滞在許可」を出し、その間は退去強制手続を停止する制度が導入されました。しかし、実際に仮滞在許可が出る率は低く、大多数の人は、従来と同様、収容されてしまっているのが現状です。

在留資格がないというだけで人を何年も収容し、終わりの見えない長期収容をしていることに対しては、被収容者からの抗議も相次いでいます。2019年6月24日には、長崎県にある大村入国管理センターで、3年7か月間収容され、ハンガーストライキをしていたナイジェリア人の男性（通称サニーさん）が餓死する事件も起きています。サニーさんには日本人女性との間に子どもがいましたが、仮放免してほしいと訴えてハンガーストライキに入る前、「子どもに会いたい」と語っていたといいます。

◉ DV被害者の人権保護のために求められていた法的対応

ウィシュマさんの場合は、難民申請者ではありませんでした。しかしウィシュマさんはDV被害を警察で訴えており、本来であれば、DV被害者としての保護が与えられるべき人でした。

日本では2001年に「配偶者からの暴力の防止及び被害者の保護に関する法律」（DV防止法）が制定されていますが、**2003年、日本の第4回・第5回政府報告審査後の「総括所見」で女性差別撤廃委員会は、**とりわけ日本人男性と結婚している外国人女性の状況を憂慮し、「委員会は……DVを経験しながらも、その入国・在留に関する法的地位が配偶者との同居の有無に依存しがちな外国人女性に特有の状況について懸念している。委員会は、そのような**女性たちが、強制送還されることへの恐怖から、助けを求めたり別居や離婚に向けて行動を起こしたりするのを思いとどまる可能性があることを懸念する**」「委員会は日本政府に対し、DVを含めた女性に対する暴力の問題を、女性への人権侵害として捉えて対処する努力を強めるよう求める」としていました。

そして、DV法改正の過程では、日本人配偶者の暴力を受けた外国人女性らも国会議員や省庁との意見交換会に参加した結果、**2004年**

の改正 DV 法では、配偶者からの暴力の被害者の保護、捜査、裁判等に職務上関係のある者は、その職務を行うにあたり、被害者の心身の状況、おかれている環境等をふまえ、「被害者の国籍、障害の有無等を問わず」その人権を尊重しなければならない、という規定が入りました（第23条）。改正法の施行に合わせて改定された「配偶者からの暴力の防止及び被害者の保護のための施策に関する基本的な方針」では、「法が対象としている被害者には、日本在住の外国人……（在留資格の有無を問わない）……も当然含まれていることに十分留意しつつ、それらの被害者の立場に配慮して職務を行うことが必要である」とも明記されています。

　これを受け、2008年7月10日には、法務省入国管理局（当時）長が入国者収容所長、地方入国管理局長・支局長に対し、「DV 事案に係る措置要領」（法務省管総第2323号）を通知し、その中では、「配偶者からの暴力は、犯罪となる行為をも含む重大な人権侵害であり……DV 被害者の保護を旨とし、在留審査又は退去強制手続において、DV 被害者本人の意思及び立場に十分配慮しながら、個々の事情を勘案して、人道上適切に対応しなければならない。……また、DV 事案に適切に対応するため、地方局等は、警察、婦人相談所、配偶者暴力相談支援センター、NGO 団体等と連携を図り、また、DV 被害者や加害者の摘発、通訳人の確保等について相互に協力するよう努めるものとする」との基本方針を明らかにしました。

　退去強制の対象となる人が DV 被害者である場合には、逃亡のおそれなどがある場合を除き、収容せず仮放免したうえで手続を進めることも述べていました。

　しかしウィシュマさんの事案では、DV 被害の訴えについて警察と入管庁との連携によって保護を与えられることはなく、ウィシュマさ

134

んは単に在留資格がないということで収容されてしまったのです。

❖ 恣意的な収容を禁じた自由権規約

逃亡のおそれがあるなど、収容する具体的な必要性がなくても人を収容するということは、自由権規約第9条1項が保障している「恣意的に逮捕又は抑留されない」権利に反するものです。

> **自由権規約 第9条 【身体の自由と逮捕抑留の要件】**
> **1項** すべての者は、身体の自由及び安全についての権利を有する。何人も、恣意的に逮捕され又は抑留されない。何人も、法律で定める理由及び手続によらない限り、その自由を奪われない。

「恣意的」とは、「むやみに」とか「根拠なく」という意味です。政府訳の「抑留」は、短時間、人の身柄を拘束することという語意がありますが、自由権規約第9条1項の英語正文は"No one shall be subjected to arbitrary arrest or detention"であり、detentionは「拘禁」・「収容」を意味するので、第9条1項は「恣意的拘禁」「恣意的収容」を禁じたものと言うことができます。

> **自由権規約 第9条**
> **4項** 逮捕又は抑留によって自由を奪われた者は、裁判所がその抑留が合法的であるかどうかを遅滞なく決定すること及びその抑留が合法的でない場合にはその釈放を命ずることができるように、裁判所において手続をとる権利を有する。

自由権規約はまた、逮捕又は抑留によって自由を奪われた者は裁判所によりその合法性についての決定(合法でなければ釈放命令)を受け

られるよう、裁判所で手続をとる権利を保障しています。

　入管収容は、裁判所の許可なく入管の判断だけで行われるもので、裁判所による司法的チェックの機会は保障されていません。裁判手続としては、難民申請者が、難民不認定処分の取り消しなどを主張して、あわせて、収容令書や退去強制令書の執行停止を求める裁判を起こし、裁判所が、その人がたしかに難民にあたると認めた場合に、収容によって重大な損害を受けるおそれがあるとして執行停止を認めるような場合（先に引いた東京地裁の決定の例）がありますが、執行停止が認められるのは非常にまれです。よって、**日本の入管収容制度は、自由権規約第９条４項に照らしても問題**があります。

●不透明で非人道的な仮放免制度

　保証金を納めて一時的に収容を解かれる「仮放免」という制度がありますが、書類審査のみで、本人からの聴聞手続などはなく、許可される基準も不明です。許可率は低く、不許可になってもその理由は入管側からはいっさい明らかにされません。また、茨城県牛久市の東日本入国管理センターでハンガーストライキをしていた２名が、仮放免を許可されたものの、２週間後に東京出入国在留管理局（東京入管）からの呼び出しに応じて出頭したところ、出頭義務を守っており通常であれば認められるはずの仮放免延長が認められず、再収容されてしまったケースもあり、たとえ仮放免が許可されても、わずか２週間で再収容されることを見せしめ的に示した非人道的な仕打ちであると批判されています（東京弁護士会「人間の尊厳を踏みにじる外国人長期収容と違法な再収容に抗議する会長声明」2019年７月31日）。

　なお、仮放免が許可されても、在留資格がないために就労は禁止され、かといって国から何らかの補助があるわけではないため、仮放免

者は生活にも困窮しています。

　難民申請者で、仮放免期間をはさみつつ 10 年以上にわたって 6 か月から 3 年もの間収容されつづけたデニズさんとサファリさんの事案について、国連人権理事会恣意的拘禁作業部会は 2020 年、必要性や合理性がなく、定期的な見直しや司法救済もない長期の行政収容であって、自由権規約第 9 条に反する恣意的収容（また、迫害からの庇護を求める権利は世界人権宣言で認められた普遍的な人権なのに、その権利を行使したことで自由を剥奪することは違法）とする意見書を出しています。

　なお、日本は人権条約の個人通報制度には入っていませんが、恣意

A/HRC/WGAD/2020/58

Advance Edited Version

Distr.: General
25 September 2020

Original: English

Human Rights Council
Working Group on Arbitrary Detention

Opinions adopted by the Working Group on Arbitrary Detention at its eighty-eighth session, 24–28 August 2020

Opinion No. 58/2020 concerning Deniz Yengin and Heydar Safari Diman (Japan)*

1.　The Working Group on Arbitrary Detention was established in resolution 1991/42 of the Commission on Human Rights. In its resolution 1997/50, the Commission extended and clarified the mandate of the Working Group. Pursuant to General Assembly resolution 60/251 and Human Rights Council decision 1/102, the Council assumed the mandate of the Commission. The Council most recently extended the mandate of the Working Group for a three-year period in its resolution 42/22.

デニズさんとサファリさんに対する長期の入管収容について、「恣意的拘禁」であり違法とした、国連人権理事会恣意的拘禁作業部会の意見書の表紙

的拘禁作業部会のように国連人権理事会のほうの手続では、世界人権宣言や、その国が入っている人権条約を基準とした検討が行われており、制度の事前受け入れは必要ありません。

❖ 人道的取扱い──自由権規約第7条・10条

　入管収容施設での収容中や、そこに人を連れていくまでの過程では、人道的な取扱いなどの国際人権法上の義務も当然適用されます。

　自由権規約は第7条で「何人も、拷問又は残虐な、非人道的なもしくは品位を傷つける取扱いもしくは刑罰を受けない」権利を保障し、第10条1項は「自由を奪われたすべての者は、人道的にかつ人間の固有の尊厳を尊重して、取り扱われる」としています。

自由権規約

第7条　【拷問又は残虐な刑の禁止】
何人も、拷問又は残虐な、非人道的なもしくは品位を傷つける取扱いもしくは刑罰を受けない。特に、何人も、その自由な同意なしに医学的又は科学的実験を受けない。

　〔中略〕

第10条　【被告人の取扱い・行刑制度】
1項　自由を奪われたすべての者は、人道的にかつ人間の固有の尊厳を尊重して、取り扱われる。

　自由権規約委員会は、第10条1項は刑務所や精神病院、拘置施設など、国の法律のもとで自由を剥奪されているすべての人に適用されるとしており、入管収容施設での収容もこれに入ります。**国が法律に基づき国の施設で人を収容しているわけですから、そこで自由を奪わ**

れている人が人道的な取扱いを受ける権利を保障する責任は、当然、国にあります。また、第7条は拷問や残虐な取扱い、非人道的な取扱い、品位を傷つける取扱いを禁じています。

　しかし現実には、入管手続では、職員による暴行が後を絶ちません。2010年には、退去強制処分になったガーナ人男性のスラジュさんが、手錠・足錠をかけられ、結束バンドで腕が固定され、タオルで猿ぐつわをされて前かがみになった状態で航空機に乗せられた後、ぐったりしてその日のうちに死亡してしまったという事件が起きています。

　日本で難民申請をしているトルコ国籍でクルド人のデニズさん（先述した恣意的拘禁作業部会にも通報した方）は、2019年に、睡眠薬を出してもらえなかったことに大声で抗議したところ、複数の警備官から顔や体を押さえつけられ、あごの下を強く押されるなどの暴行を受けたとして、国に賠償を求める訴訟を提起しました（この暴行の模様は、訴訟で国側が提出した映像として、当事者の同意のもとYouTubeで公開されています）。

　東京地裁は2023年4月20日に職員の制圧行為の一部を違法と認め、国に21万円の支払いを命じました。しかしデニズさんは、直近の3年半の収容期間中に「（今回違法と認定された行為と）似たようなことを20回くらい経験した」「やっていることは拷問」「まったく人間扱いされていない」と記者会見で訴えています（次頁記事）。

入管暴行 国に賠償命令

東京地裁 訴え一部認める

クルド人男性「人間扱いされず」

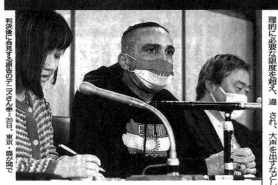

判決後に会見する原告のデニズさん㊥＝20日、東京・霞が関

東日本入国管理センター（茨城県牛久市）で収容中に職員から暴行を受けたとして、トルコ国籍でクルド人のデニズさん㊷が国に約千百十三万円の損害賠償を求めた訴訟の判決で、東京地裁（篠田賢治裁判長）は二十日、職員の制圧行為の一部について「合理的に必要な限度を超え、違法だった」と認め、国に二十二万円の支払いを命じた。

原告側は、違法行為が認定された入国警備官の一人をトルコ大使館でデニズさんの暴行陵虐容疑で告訴し、別途、公務員暴行陵虐容疑で告訴する方針。

判決によると、デニズさんは二〇一九年一月十八日夜、居室内で睡眠薬の提供を拒否され、大声を出すなどして抗議、処遇室への移動を命じられたが抵抗したため、複数の警備官が顔や体を押さえ付けた。判決は、この際に警備官の一人がデニズさんの顎の下の痛点を「十秒以上強く押し込んだのは「相当痛みを与える行為で、とるべき通常の措置とは言いがたい」と指摘。左肘や背中を押さえたり、後ろ手に手錠をかけた胸を持ち上げるなどの行為も必要性がなく、違法と認定した。

一方、五日間にわたる単独房での隔離については、違法ではないと判断。精神疾患を発症したとの訴えについては因果関係を認めなかった。

判決を受け、出入国在留管理庁は「判決の内容を十分に精査し、適切に対応したい」とコメントした。

デニズさんはクルド民族。〇七年に来日し、日本人女性と結婚。難民認定の申請が認められず、一七年二月に同センターに収容された。現在は仮放免中。

暴行「20回くらい経験」

「やっていることは拷問。入管を信用しないでください」。判決後、東京都内で記者会見したデニズさんは、怒りを抑えきれない様子で入管施設内での体験を振り返った。

開口一番、通訳を介して「今日の裁判は勝ったが、入管は今後も同じようにひどい扱いをしてくるのではないかと思う」と不安を漏らした。直近の3年半の収容期間中に「（今回違法と認定された行為と）似たようなことを20回は経験した」と強調。「全く人間扱いされていない。私たちは拷問されるために施設に入れられるのでしょうか」と訴えた。

代理人の大橋毅弁護士は「入管側の違法性が認められた点は大きく評価したい。内容で認められなかった部分もあるので、控訴も検討したい」と話した。

国会では、外国人の収容・送還ルールを見直す入管難民法改正案の審議が進むが、3回目以降の難民申請者を原則、送還する内容などに批判が上がっている。デニズさんは「命を守るために日本に来たのに命が脅かされている。国に帰って殺されればいいのか。入管難民法改悪には反対だ」と主張した。

（奥村圭吾）

東京新聞 2023年4月21日

❖医療を受ける権利

人道的取扱いとも関連する重要な問題のひとつに、ウィシュマさんのケースにもかかわる医療体制があります。入管の収容施設には医師が常駐しておらず、被収容者が健康上の問題を訴えても、速やかに診察を受けさせてもらえないことが常態化しています。

社会権規約が定める「健康についての権利」は、日本の管轄下にあるすべての人がもつ権利です。入管収容施設の被収容者にも、当然この権利があります。

> **社会権規約 第12条 【健康についての権利】**
> **1 項** この規約の締約国は、すべての者が到達可能な最高水準の身体及び精神の健康を享受する権利を有することを認める。

　医療を受ける権利は、むろん、生命権（自由権規約第6条）にもかかわります。

　2014年には、日本で難民申請をしている息子に会うため観光ビザで来日したスリランカ人のニクラスさんが、観光目的とは疑わしいとして羽田空港でそのまま収容された後、収容施設内で胸の痛みを訴え、医師の診療を求めたのに病院に搬送されず、来日してわずか10日後、急性心筋梗塞で亡くなってしまったという死亡事件もありました。ニクラスさんの事案は、医療を受ける権利の問題を提起していると同時に、来日後直ちに収容されてわずか10日後の死亡であったことから、収容自体が大きなストレスになり命を縮めたのではないかということもうかがわせます。

　実際、入管の収容施設に長期収容されている人の中には、収容生活の極度のストレスから、排せつをコントロールできなくなり紙オムツを着けるようになってしまった人や、自傷行為に走る人、自殺してしまう人もいます。

　超過残留のような入管法の違反があるからといって、その人の存在がまるごと違法になり、法的に何の保護も受けない、ということではありません。生命権は、国際人権規約が人間の「固有の権利」として保障している権利です（自由権規約第6条）。**まして、入管収容施設は、国が法律に基づき公権力を発動して、人の身体を強制的に拘束している施設です。人道的な取扱いをしなければならないのはもちろんのこと、国は被収容者の健康状態を適切に管理し、必要な医療を提供する**

義務があります。

　また、先に挙げたスラジュさんは、パートナーの日本人女性と同棲生活を送っており（その後結婚）、デニズさんも 2007 年に来日後、日本人女性と結婚している人です。**在留資格がない限りいっさいの活動を認めない立場**から（日本政府は拷問等禁止条約に基づく 2011 年の第 2 回日本政府報告書で、拷問禁止委員会に対し、退去強制令書が出た人を送還可能なときまで収容する目的は「送還のための身柄の確保及びその在留活動を禁止することである」と説明しています）、**逃亡のおそれなどの具体的な必要性を吟味することなく、家族生活の権利を考慮することもなしに全件で収容をし、無期限で人を収容しつづける現行の制度を、抜本的に見直す必要があります。入管法も法的にはひとつの法律にすぎず、その上位の規範として、憲法や国際人権法を国は遵守（じゅんしゅ）しなければならない**からです。

❖ ノン・ルフールマン原則違反のおそれ

　このように、従来の制度でも入管手続は多くの人権問題を含んでいましたが、2023 年の入管法改正では、さらに問題を抱えることになりました。政府が、長期収容者の増加への対応として、難民認定を求める人の申請回数を原則 2 回に制限し、3 回目以降は申請中でも退去強制できるようにする入管法改正案を提出し、これが国会で成立してしまったからです。

　同様の内容の法案は 2021 年にも上程されていますが、そのときには取り下げとなっていました。当時はウィシュマさんの事件が大きく報道されており、筆者ら国際人権法研究者や憲法研究者の有志一同 124 名も、入管法改正の審議にあたって国際人権法の遵守（じゅんしゅ）を求め

> **難民条約 第33条 【追放・送還の禁止】**
> **1項** 締約国は、難民を、いかなる方法によっても、人種、宗教、国籍もしくは特定の社会的集団の構成員であること又は政治的意見のためにその生命又は自由が脅威にさらされる恐れのある領域の国境へ追放し又は送還してはならない。

る声明を発表しました。2023年、政府はほぼ同じ内容の法案を再び上程したのです。このときにも、国際人権法や憲法、社会学などの幅広い分野の研究者計425名が、法案を再検討するよう求める声明を発表して法務大臣や入管庁に送付し、国会でも野党から強い反対の声が上がりましたが、採決されてしまいました。しかし、**このときの国会審議はきわめてずさんなものでした。**難民不認定に対する不服審査を担当する難民審査参与員の一人である柳瀬房子氏が、「難民を認定したいのに、ほとんど見つけることができない」と発言し、入管庁はそれを難民申請制限の根拠として引用してきたのですが、実際には、100名以上いる難民審査参与員のうち柳瀬氏ら11名のみが大量に審査を担当している実態があったことが明らかになったのです（「難民審査11人に大量集中」東京新聞2023年7月28日）。**法律をつくる根拠としてふまえられている事実＝「立法事実」自体が、怪しいものだった**ということです。

　難民条約には、上のように難民を迫害の待つ国に追い返してはならないという「ノン・ルフールマン（non-refoulement）」の規定があります。

　このノン・ルフールマン原則（2項には、重大な犯罪をおかした人の場合の例外があります）は、世界で広く受け入れられており、今日、すでに慣習国際法（慣習化した国際法として、条約に入っていない国にも適用される）になっているとされています。国は、人種や宗教などの理由で

迫害を受けるおそれがある難民を、そのようなおそれのある国に追放
したり、送り返したりしてはならないのです。国は、自国で難民と認
定して受け入れるか、さもなければ、少なくとも、安全な第三国に行
けるよう便宜を与える必要があります（第31条2項）。

　日本の難民認定手続が非常に厳しく、認定率が最近でも1〜2％程
度というごく低い水準にとどまっていることからすれば、難民申請を
くり返す人の中には、難民条約にいう難民にあたる人が含まれている
ことは大いに考えられます。実際に、不認定処分の取り消しを求める
裁判では、裁判所が、原告はたしかに難民にあたる、と認めることも
少なくないのです（先に引いた東京地裁判決もそのひとつです）。申請を
くり返してようやく難民認定される人もおり、全国難民弁護団連絡
会議のデータによれば、複数回の申請で難民認定された人は2015〜
2021年で11名（全体の3.9％）いました（「統計データ（RSD）：初回／
複数回申請別の難民認定数等の推移」http://www.jlnr.jp/jlnr/?p=7709）。

　難民申請者を本国に強制送還することは、ノン・ルフールマンの義
務に反するおそれがあります。また、送還先で拷問を受ける可能性が
ある場合には、**拷問等禁止条約のノン・ルフールマン規定**にも反する
という問題が生じます。

　**拷問等禁止条約のノン・ルフールマン規定の方は、拷問の防止にポ
イントがあります。**その人が難民にあたるかどうかにかかわらず、拷
問が行われると信じるだけの実質的な根拠がある国には、人を追
放・送還することも、犯罪人の引渡しをすることも許されないのです。
拷問の禁止は、国際法では、慣習国際法であると同時に、いかなる場
合にも逸脱が許されない強行規範（ユス・コーゲンス jus cogens）とさ
れていますが、それと平仄を合わせて、拷問等禁止条約も、第3条1
項の定める追放・送還・引渡しの禁止については、例外規定がない絶

> **拷問等禁止条約 第3条 【追放・送還・引渡の禁止】**
> **1項** 締約国は、いずれの者をも、その者に対する拷問が行われると信ずるに足りる実質的な根拠がある他の国へ追放し、送還し又は引渡してはならない。

対的な義務の形で定めをおいています。

　日本の入管法では、退去強制先は原則としてその人の本国（国籍国）ですが、難民条約第33条と拷問等禁止条約第3条1項を受けて、これらの規定にいう国には送還しない、と定めています（第53条）。しかし、今回の入管法改正によって、これらのノン・ルフールマン規定に反する退去強制を日本が行うことになるおそれがあることが憂慮されます。

ポイント

★ 在留資格がない外国人を、司法審査もなく入管庁の判断で一律に収容する法制度とその運用は、国際人権法に反する恣意的拘禁になっている。

★ 国が人の身体を強制的に拘束しておきながら、収容施設で医療が提供されないことや、まして職員によって暴行が加えられることは深刻な人権問題。

★ 2023年に成立した改正入管法は、難民申請3回目以降の人を退去強制することを可能とするもので、難民条約や拷問等禁止条約上のノン・ルフールマン義務に違反するおそれがある。

第7章

刑事手続における人権

経済安保の名による人権侵害

case 7

生物兵器に転用可能な機械を許可なく輸出した
として逮捕・起訴され、否認したために
約11か月間も勾留された会社社長のGさん

　私は、液体を粉にする乾燥装置をつくっている会社の経営者Gで
す。従業員90人ほどの中小企業ですが、粉末スープや粉末コーヒー
などの製造に使う噴霧乾燥機「スプレードライヤ」では国内シェア
の約7割を占め、海外にも輸出してきました。

　しかしある時、警視庁公安部から、このスプレードライヤが生物
兵器の製造に転用できるという疑いをかけられ、会社を家宅捜索さ
れたあげく、そのような装置を無許可で中国や韓国に輸出したとし
て、外国為替及び外国貿易法（外為法）違反容疑で私と会社幹部の
計3人が逮捕されました。警察は、この装置が、経済産業省が省令
で定める輸出規制の要件（「装置内部の滅菌又は殺菌をすることがで
きる」）に抵触した、と言うのです。

　私たちは、違法なことはしていないという自信をもっていました
ので、逮捕後も罪を認めず、「認めれば、罰金で済む」と自白を迫ら
れても、否認を続けました。いくら否認しても取りあってもらえず
勾留が長期化し、5回の保釈請求も裁判所は認めず、ようやく保釈
されたのは逮捕から11か月後のことでした。

　共に逮捕された幹部のＩさんは勾留中に病気が発覚し、亡くなっ

てしまいました。

　私は社員と一緒に実験をくり返し、この装置には殺菌機能はない
ことを証明する実験結果を提出しました。そのところ、初公判の直
前に検察は突然起訴の取り下げをしてきました。

　刑事裁判はなくなったものの、この事件のために会社の顧客が離
れてしまい、大きな損害を受けています。長期勾留によっても心身
に多大な被害を受けており、この責任を国に問いたいです。

❖ 日本の「人質司法」

　Gさんのケースは、横浜市の機械製造会社「大川原化工機」の大川
原正明さんが実際に巻き込まれた事件です。Ｉさんは、噴霧乾燥機の
開発に長年たずさわってきた技術者で、2020年3月に大川原社長と
共に逮捕された相嶋静夫さんです。相嶋さんは、逮捕前の任意聴取の
段階から、この機械は軍事転用できないと訴えつづけていましたが、
勾留中に体調の異変が生じ、10月に8時間だけ勾留執行停止を受け
て行った大学病院で進行胃がんと診断されました。11月に再び勾留
執行停止となり入院できましたが、すでに末期で、2021年2月に72
歳で逝去しました。検察が起訴を取り下げる5か月前のことで、冤
罪が晴れる前に、無念の死を迎えてしまったのでした。

　日本の刑事手続では、犯罪の嫌疑をかけられて逮捕されると、48
時間以内に釈放されるか又は検察官のもとに送検されます。検察官は、
証拠隠滅のおそれがあるなど被疑者の身柄を勾留する必要があると考
える場合には、24時間以内に裁判官に勾留請求をし、裁判官が請求
を認めれば被疑者は勾留されることになります。勾留場所は拘置所で

すが、多くの場合は、警察署内の留置場を代用することが行われます（「代用監獄」と通称されてきた、代用刑事施設）。勾留期間は原則として10日間までですが、10日間延長することが可能です。よって、逮捕時から数えて、勾留期間は23日間までなのですが、別件逮捕や再逮捕がくり返されることで勾留期間はさらに伸びることがあり、大川原さんたちも、再逮捕によって勾留がつづいていたのでした。

　別件逮捕や再逮捕だけではありません。**日本の刑事手続では、取り調べに対して、罪を自白せず否認をつづけていると、身柄が保釈されない現状があります。自白しない人は、保釈すれば罪の証拠を隠滅するのではないか、とする考え方が根強く、保釈請求が却下されやすいためです。無理な取り調べによって自白を強いるため、犯罪を行っていない人でも、長期間勾留され取り調べを受けつづけるあまりのつらさのために、うその自白をしてしまったり、あるいは、睡眠不足などで頭がぼんやりして、自分が本当にやったのかもしれない、と思うようになってしまったりすることがあり、それが冤罪の温床になっています。**

　死刑冤罪事件として有名な免田事件もそのようなケースですが、「苦しまぎれにうその自白をしても、裁判で裁判官は自分の言い分をきっとわかってくれる」といった希望に反して、裁判では自白が主な証拠として採用されることも多く、また日本の刑事裁判の有罪率はほぼ100％ですから、結果的に、うその自白が有罪判決につながってしまい、罪状によっては、最悪の場合死刑が科されてしまうことすらあるのです。

　日本の刑事司法、とくに、未決（まだ裁判で有罪と決まっていない人）の被拘禁者に対する自白強要の問題に対しては、長年日弁連などの法律家団体が改善に向けてとりくみ、提言をしていますが（日本弁護士

150

連合会『「代用監獄」の廃止に向けて——代用監獄問題の新段階〔改訂第2版〕』
2008年、https://www.nichibenren.or.jp/library/ja/publication/booklet/
data/daiyou_kangoku.pdf など)、なかなか改善されないままです。**いったん逮捕されたら、罪を認めるまでは外に出られない、「人質司法」と呼ばれる問題です**(「人質司法　冤罪の温床」朝日新聞2013年4月23日)。
この記事では、コンピューターウィルスで遠隔操作されたパソコンから犯罪予告が書き込まれた事件で、4人が誤認逮捕され、うち2人が「自白」までさせられていたことや、「自白」した人は、連日の取り調べで「犯人はおまえしかいない」と迫られて、アリバイがあったのに「私がやったんですかね」と自ら尋ねるまでに追いこまれていった様子が報道されています。

　大川原さんや相嶋さんがおちいったのも、まさにこうした「人質司法」でした。長期勾留がつづくなか、家族からも「うそをついて自白して、拘置所から出よう」という声が出ますが、大川原さんたちは、会社や社員のためにも、絶対認めるわけにはいかない、として否認を貫いたのでした。

❖ 日本の未決拘禁のあり方は、 人権条約機関から懸念と勧告を受けつづけている

　自由権規約は第9条で、刑事上の罪に問われて逮捕され又は抑留(＝勾留)された人は、裁判官の面前に速やかに連れていかれ、妥当な期間内に裁判を受ける権利又は釈放される権利をもつこと、また、裁判に付される人が身柄を勾留されることが原則であってはいけないことを定めています。

> **自由権規約 第9条 【身体の自由と逮捕・抑留の要件】**
> **3項** 刑事上の罪に問われて逮捕され又は抑留された者は、裁判官又は司法権を行使することが法律によって認められている他の官憲の面前に速やかに連れて行かれるものとし、妥当な期間内に裁判を受ける権利又は釈放される権利を有する。裁判に付される者を抑留することが原則であってはならず、釈放に当たっては、裁判その他の司法上の手続のすべての段階における出頭及び必要な場合における判決の執行のための出頭が保証されることを条件とすることができる。

　また、裁判を受ける権利に関する第14条は、刑事上の罪に問われた人が有する権利について、右頁のように定めています。

●自白偏重ではなく科学的証拠に依拠した捜査を

　日本の刑事手続では、勾留請求に対して裁判官が許可を出す点では自由権規約第9条3項に合致しているものの、多くの場合は、拘置所ではなく警察の留置場に連れ帰ってしまうという問題があります。拘置所に勾留された場合でも、大川原さんたちのケースのように、自白を迫られつづけ、自白しない限りは保釈が認められずに長期勾留される、という人質司法の問題が同様に存在します。

　自由権規約委員会は日本政府報告審査後の総括所見で、うその自白を防止し、規約第14条に基づく被疑者の権利を確保するためにも、取り調べの全過程において録音・録画をすることという「取り調べの可視化」や、取り調べに弁護人が立ち会う権利の保障をくり返し日本に勧告しています。日本政府が第5回の政府報告書の中で、「我が国においては、刑事事件の真相解明を十全ならしめるため、被疑者との間に人間的な信頼関係を築いた上、極めて詳細な取り調べを行ってい

> **自由権規約 第14条 【公正な裁判を受ける権利】**
>
> **2項** 刑事上の罪に問われているすべての者は、法律に基づいて有罪とされるまでは、無罪と推定される権利を有する。
>
> **3項** すべての者は、その刑事上の罪の決定について、十分平等に、少なくとも次の保障を受ける権利を有する。
>
> (a) その理解する言語で速やかにかつ詳細にその罪の性質及び理由を告げられること。
>
> (b) 防御の準備のために十分な時間及び便益を与えられ並びに自ら選任する弁護人と連絡すること。
>
> (c) 不当に遅延することなく裁判を受けること。
>
> (d) 自ら出席して裁判を受け及び、直接に又は自ら選任する弁護人を通じて、防御すること。弁護人がいない場合には、弁護人を持つ権利を告げられること。司法の利益のために必要な場合には、十分な支払手段を有しないときは自らその費用を負担することなく、弁護人を付されること。
>
> (e) 自己に不利な証人を尋問し又はこれに対し尋問させること並びに自己に不利な証人と同じ条件で自己のための証人の出席及びこれに対する尋問を求めること。
>
> (f) 裁判所において使用される言語を理解すること又は話すことができない場合には、無料で通訳の援助を受けること。
>
> (g) 自己に不利益な供述又は有罪の自白を強要されないこと。

る」実情があると説明したことに対しても、自由権規約委員会は、「刑事捜査における警察の役割は真実を確定することではなく、裁判のために証拠を収集することである」として、**取り調べ中の自白に偏重するのではなく、科学的証拠に依拠するべきである、と勧告しています**（第5回日本政府報告書審査後の「総括所見」2008年）。

なお、取り調べの可視化については、郵便不正事件に関する厚労省元局長冤罪事件（検察が証拠を改ざんしていたことが発覚した）を受けて、2016年の改正刑事訴訟法で、裁判員裁判対象事件と検察独自捜査事件について、身体拘束下の被疑者取り調べの全過程の録音・録画を義務づけることになり、2019年から施行されていますが、対象となる事件は全事件のわずか3％程度です。逮捕前の任意聴取も対象に含まれません。また、取り調べにおける弁護人の立ち会い権は認められていません。

　拷問禁止委員会も、第1回日本政府報告書審査後の「総括所見」（2007年）で、被疑者の長期勾留がなされその間の取り調べに対する手続的保障が不十分であるとして、とくに、取り調べ期間に対する厳格な制限がないこと、取り調べに弁護人の立ち会いが必要とされていないこと、自白に基づいた有罪の数が多いことなどに深刻な懸念がある、と述べています。

●公安捜査員によって「ねつ造」された大川原化工機事件

　大川原化工機事件では、大川原さんは国と東京都に対して損害賠償を求める訴訟を起こしていますが、**この裁判で、捜査を担当した警視庁の警察官に対して行われた尋問では、男性警部補が事件を「ねつ造」したと証言しています。**輸出に問題はなかったのに、業績を挙げて昇進したいという欲を抱いたという内容です（「公安捜査員『捏造』証言」朝日新聞2023年7月1日）。噴霧乾燥機が「規制品に該当する」という内容が、警視庁公安部が有識者（四ノ宮成祥・防衛医科大学校長ら）から行っていた聴取内容とは異なるにもかかわらず、公安部の独自解釈に都合のよいように使われ、立件材料にされていたことも明らかになっています（「冤罪生み出した『作文』」毎日新聞2023年10月8日）。起訴

取り消しに関する警察内部資料によれば、東京地検は、公安部が法令解釈を意図的に、立件方向にねじ曲げたと裁判官にとらえられるリスクがあると指摘して、公判を維持できないため起訴を取り下げていました（「『公安 立件方向にねじ曲げ』」毎日新聞2023年12月7日）。

　このように、実績をつくりたいばかりに捜査機関が証拠をねつ造までしてしまい、何の罪もない一般市民に罪をかぶせるというのは、大変恐ろしいことです。大川原さんは名誉回復と事実解明を求めて国家賠償請求訴訟を起こしていますが、この事件では相嶋さんは勾留中に体調を急変させてその後死亡してしまったように、このような犯罪の嫌疑や逮捕、さらに長期勾留によって大川原さんたちや家族、会社、社員らが受けた身体的、精神的、経済的損害は、回復できるものではありません。

　また、大川原さんは、任意聴取の段階から、反すると疑いがかけられている**法令の要件があいまいすぎて、警察や検察の解釈次第で有罪にされてしまうおそれがある**と述べていました。**日本では最近、国内の先端技術の流出防止などを目的として2020年には内閣官房国家安全保障局に経済班が設置され、「経済安全保障」が政府によって重要な政策課題とされていますが、そのような国策のなかで、あいまいな法令の規定を基に捜査関係者が実績づくりをしようとして無理な捜査を行う危険が、大川原化工機事件では現実化した**と言えるでしょう。私たちの誰が突然そのようなターゲットになってもおかしくなく、人権保障の観点からして非常に危険なことです。

　人の刑事責任にかかわるような法令は、恣意的な解釈を許さないような明確な文言で規定され、また、法執行にあたる機関によっても厳格に運用されることが不可欠です。

❖ 長期の未決勾留による「恣意的拘禁」

　大川原さんたちは、自白を迫られながら約11か月間もの勾留に耐えましたが、このように、罪を否認している被疑者の長期勾留は、前述のように「人質司法」として国際的にも批判を浴びています。世界的な人権NGOの「ヒューマンライツ・ウォッチ」は2023年、綿密な調査を経て、「日本の『人質司法』──保釈の否定、自白の強要、不十分な弁護士アクセス」と題する大部の報告書を公表しています（https://www.hrw.org/ja/report/2023/05/24/384885）。

　金融商品取引法違反容疑で2018年に逮捕され勾留された、元・日産代表取締役社長のカルロス・ゴーン氏の事件でも、拘置所への長期勾留がありました。ゴーン氏は、その後、保釈中であった2019年に、日本を密かに出国してレバノンに逃亡してしまったため、その国外逃亡が日本では大きな問題となりました。それはそれで当然のことですが、他方で、それとは別に、ゴーン氏が日本の拘置所での長期勾留に苦しみ、そのような日本の慣行を国際人権法に反すると主張していたことも事実です。

　2020年に国連人権理事会恣意的拘禁作業部会は、彼が前年に日本を逃亡したことを注記しつつも、彼から寄せられていた通報についての検討は妨げられないとして、検討を行いました。そして、ゴーン氏が2018年11月から2019年4月にかけて4回逮捕・勾留されたことについて、事実上供述を強制される状況下で長期間にわたり起訴前に身体拘束されており、自由権規約第14条の定める無罪推定の権利や不利益な供述を強制されない権利を侵害するものであったと結論しています。この点で恣意的拘禁作業部会は、自由権規約委員会や拷問禁止委員会といった人権条約機関が、自白に偏重した「代用監獄」制度

の下での取り調べと勾留が公正な裁判を受ける権利の重大な妨げに
なっているとともに、被拘禁者を拷問や虐待、自白の強制にさらすこ
とになっていると認めてきた、ということにも言及しています。

ポイント

★ 日本の刑事手続では、罪を自白しないと勾留を解いてもらえない「人質司法」の慣行がつづいており、大きな人権問題になっている。このような慣行は、公正な裁判を受ける権利に反する。

★ あいまいな要件の法令、そして警察の証拠ねつ造によって、突然に犯罪の疑いを向けられ、会社や関係者が多大な損害を受ける事件が実際に起きている。「経済安全保障」の名目で無理に事件づくりをする傾向には警戒が必要。

コラム ⑦

ジェノサイドを防止するすべての国の義務

❖ 1948年国連で採択された「ジェノサイド条約」

2023年10月7日に、パレスチナ自治区ガザ地区を拠点とする軍事組織ハマスがイスラエルに大規模なテロ攻撃を加えて1,200人以上を殺害し、240人以上を人質にとるという凶行に及んで以降、イスラエルはこれに対する反撃として、ガザ地区に連日の空爆、さらには地上作戦を展開し、激しい攻撃を加えています。報道によれば、2024年5月13日の時点でガザ地区の死者は3万5千人を超えており、その多くは、子どもや女性などの一般市民（＝国際人道法上保護されなければならない非戦闘員。国際人道法は、武力紛争下で守る必要があるルールについて定めた国際法で、国際人権法よりも歴史は古く、19世紀半ばに赤十字運動が誕生した時から今日まで発展を続けています）です。イスラエルは、ハマスを完全に壊滅させるとしてその後も攻撃を続け、犠牲者の数はさらに増えつづけています。

イスラエルが国際法上、受けた武力攻撃に対して自衛権を有するとしても、自衛権の行使が合法と言えるためには、

受けた攻撃に対して均衡のとれたものであること（均衡性ないし比例性）などの要件があり、どんなことでもやり放題なわけでは決してありません。それどころか、**軍事目標と民間人・民間施設を区別することもなくガザ地区に無差別攻撃を加えているイスラエルの行為は、もはや「ジェノサイド」にほかならない**という強い批判が、国際社会から上がっています。

「ジェノサイド」とは、ある民族集団などを破壊する意図をもって行われる殺害行為などのことで、第二次世界大戦時にナチス・ドイツによるユダヤ人の大量虐殺を身近で経験した法律家ラファエル・レムキンが、民族集団の抹殺をもくろむそのような犯罪の特殊性にかんがみて造語した言葉です。

「集団殺害」とも訳されますが、厳密には「殺すこと」に限られません。民族集団などに対して、生きていけなくすることを意図した生活条件を課すことなども、ジェノサイドに含まれます。

1948年に国連で採択された「ジェノ

ジェノサイド条約

第1条 締約国は、ジェノサイドが平時に行われるか戦時に行われるかを問わず、国際法上の犯罪であることを確認し、これを、防止し処罰することを約束する。

第2条 本条約では、ジェノサイドとは、国民的、人種的、民族的又は宗教的集団を全部又は一部破壊する意図をもって行われた次の行為のいずれをも意味する。

(a) 集団構成員を殺すこと。

(b) 集団構成員に対して重大な肉体的又は精神的な危害を加えること。

(c) 全部又は一部に肉体の破壊をもたらすために意図された生活条件を集団に対して故意に課すること。

(d) 集団内における出生を防止することを意図する措置を課すること。

(e) 集団の児童を他の集団に強制的に移すこと。

サイド条約」は、第2条でジェノサイドを上のように定義し、そのような行為を締約国が「国際法上の犯罪」であると確認し、これを防止し、また処罰する義務を課しています。

ジェノサイド条約は、締約国に対して、ジェノサイドやその扇動行為など

を処罰するために必要な立法をすること、ジェノサイドを行った者は処罰のため犯罪人引渡しの対象とすることなどを定めていますが、あわせて注目されるのは、紛争解決に関する次の第9条の規定です。

ジェノサイド条約 第9条 【紛争解決】

この条約の解釈、適用又は履行に関する締約国間の紛争は、集団殺害又は第3条に列挙された他の行為のいずれかに対する国の責任に関するものを含め、紛争当事国のいずれかの要求により国際司法裁判所に付託する。

コラム ⑦

❖ ジェノサイド条約違反で、南ア共和国がイスラエルを ICJ に提訴

国際司法裁判所（ICJ）は、国連の一機関で、国家間の紛争を裁く国際裁判所です。**ICJ で裁判をしてもらうためには、通常は、紛争当事国の双方が、ICJ に事件を付託することに合意をして、付託しなければなりません。しかし、ジェノサイド条約にはこのような紛争解決条項があって、この条約の解釈・適用や履行に関して、締約国間で見解の違いがあり、紛争になった際には、紛争当事国どちらか一方の要求のみで、ICJ に付託できることを定めているのです。**

ジェノサイド条約には 2024 年 1 月時点で 154 カ国が締約国となっており、イスラエルもそのひとつです（残念ながら日本は、まだ締約国になっていません）。**今回のガザ危機で注目できることは、イスラエルがジェノサイド条約を遵守していないとして、この紛争解決条項を基に、ICJ に提訴する国が出ていることです。南アフリカ共和国は 2023 年 12 月、ガザ地区への攻撃を続けるイスラエルが、激しい爆撃や食料・水の供給途絶によってガザのパレスチナ人という特定民族集団の破壊を意図した**ジェノサイドを行っているとして、イスラエルをジェノサイド条約違反で ICJ に提訴しました。**これに対し ICJ は 2024 年 1 月、判決（これは通常数年かかります）に先立ち、イスラエルに対する「暫定措置」として、ジェノサイド行為を防ぐすべての手段をとることなどを命じました。

イスラエルは攻撃を止めていませんが、それでも、このようにジェノサイド条約の条項を使って、締約国が他の締約国に対し、条約上の義務を守っていないとして ICJ に提訴したこと、そしてそれに対応して ICJ が上記のような判断をしていることは、国際法上、画期的なことです。

国際法では、伝統的に、国際法を破ったことへの責任追及は、人的・財政的被害などを直接に受けた被害国が、被害を与えた加害国に対して責任を追及するかたちで行われてきました。しかし、本件では南アフリカ共和国は、イスラエルの行為によって自国民を殺されたとか、自国の財産を破壊されたと言って提訴したのではありません。そうではなく、ジェノサイド条約の一締約国として、イスラエルがジェノサイ

❖ 「対世的義務」という考え

ド条約上の約束を守ることを要求して、提訴しているのです。

ジェノサイド条約のように、人権や人道にかかわることがらについて各国が多数国間条約で約束をしあうとき、そこで取り決めているのは、自国民が守られるといった、狭い利害の話ではありません。締約国は、もっと広く、ジェノサイドをしないことやそれを防止・処罰することを、すべての締約国に対して約束したもの、とみることができます。

現在の国際法では、とりわけ1970年代以降のICJの判例や、世界の国際法学者の学説で、国際法上の義務の中には、国が条約を結ぶなどした特定の他国との間で相互に負う義務だけではなく、国際社会全体に対して国が負う「対世的（erga omnes）義務」がある、という考え方が確立しています。対世的とは、「世界に対して」といった意味です。そのような義務として、ジェノサイドの禁止や侵略行為の禁止、奴隷制や人種差別からの自由を含む人間の基本的権利の保障、などが挙げられています。

ジェノサイド条約では、各締約国は、それに入った他のすべての締約国に対して、条約の定める義務を守ることを約束した、と考えられるので、そのよ

うな義務は、「当事国間の対世的（erga omnes partes）義務」と呼ばれます。南アフリカ共和国がイスラエルの攻撃によって直接自国民に被害を受けたかどうかには関係なく、イスラエルは、南アフリカ共和国を含むすべてのジェノサイド条約締約国に対して、ジェノサイド条約を守る義務を負っているとみなされます。そして、他の締約国は、単にそれを非難できるというにとどまらず、ジェノサイド条約が第9条の紛争解決条項で上記のように規定していることから、イスラエルと法的見解が異なるという紛争の存在を受けて、ICJに提訴することができる、ということです。

今回、現にこの手続を利用して提訴する国が現れたということ（南アフリカ共和国は、過去にアパルトヘイト体制による国の分断に苦しんだ国であり、ICJでの弁論でもそのことにふれています）、またICJがこれを受理して暫定命令を出したことは、国際法の潮流においてとても画期的なことです。

さらに、2024年3月にはニカラグアが、やはりこの条項を使って、米国に次いで大量の武器をイスラエルに輸出しているドイツを相手どって、ジェノサ

コラム ⑦

イド防止の義務に反しているとして ICJ に提訴したことも、大変注目されます。

イスラエルが軍事行動を止めない背景には、米国やドイツ（ドイツは、過去のホロコーストの歴史があるために、イスラエルが自国ないしユダヤ人の生存権などを主張することを無条件で受け入れがちです）をはじめイスラエルに武器援助を続けている国の存在がありますから、そうした武器援助の合法性を問うていくことには重要な意義があります。

日本はあいにくジェノサイド条約を批准していませんが、ジェノサイドをしてはならないという対世的義務は、ジェノサイド条約を別としても、イスラエルが、日本を含む国際社会すべてに対して負っている義務です。ジェノサイドの禁止は、国際法上の強行規範（ユス・コーゲンス）でもあります。日本も、イスラエルに対して、ジェノサイドを止めよという批判をする資格が法的にありますし、また、ジェノサイドを止めるためには、日本もそのような行動をすべきです。

2024年5月現在、米国の各地の大学では、大学がイスラエルやイスラエル企業との経済関係によって利潤を上げ資金を集めていることに対し、学生たちから抗議の声が上がり、激しいデモ行動が起きています。ジェノサイドを止めるため、日本の市民社会も国際社会の一員として声を上げていくことが必要です。

（申 惠丰）

索　引

●索引

あいちトリエンナーレ……125, 127
アイヌ民族……115, 124
「慰安婦」……125-128
移住労働者権利条約……8
一般的意見／一般的勧告……28, 45-47, 49, 56, 57, 59, 60, 99
移動の自由……132
冤罪（事件）……149, 150, 151, 154
大川原化工機……149, 154, 155
オーストラリア人権委員会……118

外国人登録法……60
仮滞在許可……132
仮放免……133, 134, 136, 137
教育無償化……25, 31, 32
教育を受ける権利……11, 20, 24, 29, 31
強制性交等罪／準強制性交等罪……36, 37, 39, 41, 83
経済安全保障……155, 157
拷問等禁止条約……7, 142, 144, 145
　ー第3条【追放・送還・引渡の禁止】……144,145
拷問禁止委員会……142, 154, 156
国際司法裁判所（ICJ）……159-162
国際人権規約……7, 73, 80, 93, 141
国際人権章典……72, 73, 80
国際人権法……3, 4, 6-8, 10, 11, 24, 31, 33, 53, 60-62, 68, 70, 102, 103, 109, 111, 113, 116, 119, 120, 127, 138, 142, 143, 145, 156, 158
国際セクシュアリティ教育ガイダンス……84
国際労働機関（ILO）……72, 73, 80, 121, 122
国内人権機関……75, 113, 116, 118-121
国内人権機関グローバル連合……116
国連憲章……6, 7, 12, 73
国連人権理事会……7, 69, 74, 77-79, 137, 138, 156
　ー恣意的拘禁作業部会……137-139, 156
　ービジネスと人権作業部会……74
国連人権高等弁務官事務所……78
国連難民高等弁務官事務所……8
個人通報制度……56, 58-61, 137
子どもコミッショナー（イギリス）……120
子どもの権利条約……7, 8, 11, 24, 28, 29, 31, 33, 51, 58, 68, 81, 82, 120
　ー第4条【締約国の実施義務】……28, 29
　ー第28条【教育についての権利】……29
　ー第34条……68

強制失踪条約……7
強制送還……131, 133, 144
ケア労働……89
子どもの性虐待マテリアル（CSAM）……52, 53, 78, 79, 81, 82
雇用機会均等法……95, 99

在日コリアン……106, 107, 109, 115
在留資格……10, 80, 115, 130, 131, 133, 135, 136, 142, 145
差別禁止法……75, 113, 115, 116, 118-121
差別禁止法（オーストラリア）……116-119
恣意的（な）拘禁／恣意的（な）収容……74, 135, 137, 139, 145, 156
自己決定権……44
児童売買、児童買春及び児童ポルノに関する選択議定書……51, 52, 81
児童ポルノ／ポルノ……5, 49, 51, 52, 54, 55, 68, 81, 85
児童ポルノ禁止法……81
社会権規約……7, 11, 24, 25-27, 31, 33, 73, 121, 140, 141
　ー第2条【締約国の実施義務】……25
　ー第12条【健康についての権利】……141
　ー第13条【教育についての権利】……26
社会権規約委員会……121
ジャニーズ／ジャニーズ事件……65, 66, 68, 75, 76, 83
自由権規約……7, 58-61, 68, 73, 135-138, 141, 151-153, 156
　ー第7条【拷問又は残虐な刑の禁止】……60,138, 139
　ー第9条【身体の自由と逮捕抑留の要件】…… 135, 136, 137, 151, 152
　ー第10条【被告人の取り扱い・行刑制度】…… 138
　ー第14条【公正な裁判を受ける権利】……59, 153, 156
自由権規約委員会……3, 58, 60, 121, 138, 152, 153, 156
ジェノサイド条約……158-162
ジェンダー……5, 45-48, 50, 54, 75, 84, 92
障害者権利条約……7, 120
障害者差別解消法……120
商業的性搾取……50, 53
職場における暴力とハラスメントの撤廃に関する条約……121

● 索引

女性差別撤廃条約……4, 7, 8, 44-48, 55, 56, 80, 93-95
　ー前文……93, 94
　ー第1条【女性差別の定義】……44, 45
　ー第2条【締約国の差別撤廃義務】……46, 49
女性差別撤廃委員会……3, 44-50, 53-58, 99, 103, 121, 123, 133
　ー一般的勧告19（女性差別撤廃委員会）…… 45-47, 49, 57, 99
人権条約……6-8, 10, 11, 56-61, 68, 72, 80, 93, 114, 116, 121, 137, 151, 156
人権条約機関……57, 59, 60, 79, 151, 156
人権侵犯……124
人権デュー・ディリジェンス……71, 72, 75, 76, 79-82
人種差別撤廃条約……7, 108-116, 118, 125
　ー第1条【人種差別の定義】……108, 109
　ー第2条【締約国の差別撤廃義務】……110,113
　ー第6条【人種差別に対する救済】……111
人種差別……6, 7, 107-118, 120, 123, 125, 161
人種差別撤廃委員会……121
性交同意年齢……39, 43, 55
性的虐待……66-68, 76
性的グルーミング……42
性的搾取……49, 53, 68, 75, 76, 85
性的姿態撮影等処罰法……42
性的姿態等影像送信罪……42
性的姿態等撮影罪……42
性的マイノリティ……17, 74, 75, 122
性同一性障害特例法……3, 62
性別役割分担……54, 93, 95, 97
世界人権宣言……7, 12, 68, 72, 73, 80, 94, 137, 138
セクシュアル・ハラスメント（セクハラ）……48, 51, 103, 121
総括所見……3, 49, 53, 54, 56-58, 103, 121, 133, 152-154

退去強制（＝強制送還）……130-132, 134, 136, 139, 142, 145
退去強制令書……132, 136, 142
対世的（erga omnes）義務……161, 162
代用監獄……150, 151, 156
「徴用工」……127, 128
（改正）DV法……133, 134
ドメスティック・バイオレンス（家庭内暴力、DV）……4, 90, 91, 92, 99, 104, 130, 131, 133, 134
トランスジェンダー……3, 61, 75

取り調べの可視化……152, 154

難民条約……7, 8, 10, 132, 143-145
　ー第33条【追放・送還の禁止】……143, 145
難民認定……10, 130, 142, 144
日本国憲法（憲法）……3, 4, 6, 7, 9, 11, 24, 31, 33, 46, 58, 60, 62, 97, 108, 112, 114, 116, 125, 142, 143
入管収容施設……130, 131, 138, 140, 141
入管法（出入国管理及び難民認定法）……10, 11, 130-132, 141, 142, 145
ノン・ルフールマン（原則）……142-145

パリ原則……116
ハラスメント……16, 48, 103, 111, 119, 121, 122
パワー・ハラスメント（パワハラ）……16, 121
ビジネスと人権……53, 69, 73, 74, 76, 77, 113, 115
ビジネスと人権（に関する）指導原則……53, 69, 70-73, 75, 78, 79
非正規雇用……3, 19, 32, 104
人質司法……149, 151, 152, 156, 157
平等・人権委員会（イギリス）……119
平等法（イギリス）……119, 121
フジ住宅事件……112, 114, 121
不同意性交等罪……37, 41-43, 49, 55, 83, 84
不同意わいせつ罪……41-43
フラワーデモ……40
ヘイトスピーチ……11, 113-115, 123
ヘイトスピーチ解消法……114
包括的性教育……84, 85
報告制度（人権条約・委員会）……45, 56, 58, 60

#MeToo……36, 39, 40

(旧)優生保護法……3, 58
ヨーロッパ人権条約……61
ヨーロッパ人権裁判所……3, 61, 62, 79

リプロダクティブ・ヘルス／ライツ（性と生殖に関する健康と権利）……84
レイシャル・ハラスメント……121
労働における基本的原則及び権利に関するILO宣言 ……72, 73, 80

〈著者紹介〉

申 惠丰 シン・ヘボン

青山学院大学法学部ヒューマンライツ学科教授、青山学院大学スクーン
メーカー記念ジェンダー研究センターセンター長。
1966年東京生まれ。1993年ジュネーブ国際高等研究所修士課程修了、高
等研究ディプロマ（DES）取得。1995年東京大学大学院法学政治学研究
科博士課程修了、法学博士。

【著書】
単著：『国際人権入門─現場から考える』（岩波新書、2020年）、『友だち
を助けるための国際人権法入門』（影書房、2020年）、『国際人権法─国際
基準のダイナミズムと国内法との協調〈第2版〉』（信山社、2016年）、『人
権条約の現代的展開』（信山社、2009年）、『人権条約上の国家の義務』（日
本評論社、1999年）
共著：申惠丰編『新国際人権法講座─国際人権法学会創立30周年記念』
第4・5巻（信山社、2023～24年）、柳原正治ほか編『プラクティス国際法
講義〈第4版〉』（信山社、2023年）、中川慎二ほか編『インターネットとヘイ
トスピーチ─法と言語の視点から』（明石書店、2021年）、韓国人研究者
フォーラム編集委員会ほか編『国家主義を超える日韓の共生と交流』（明
石書店、2016年）ほか

私たち一人ひとりのための国際人権法入門

2024年9月30日　初版第1刷

著者　申 惠丰

装画・扉絵　はくせんまがり

発行所　株式会社 影書房
　　〒170-0003　東京都豊島区駒込 1-3-15
　　電　話　03-6902-2645
　　ＦＡＸ　03-6902-2646
　　Ｅメール　kageshobo@ac.auone-net.jp
　　ＵＲＬ　http://www.kageshobo.com
　　郵便振替　00170-4-85078

印刷／製本　モリモト印刷

Ⓒ2024　SHIN Hae Bong

落丁・乱丁本はおとりかえします。

定価　1,900 円＋税

ISBN978-4-87714-501-9

申 惠丰 著
（シン ヘ ボン）

友だちを助けるための国際人権法入門

基地建設に反対する市民、高校無償化制度から排除された朝鮮学校の生徒、ヘイトスピーチに傷つく在日コリアン女性……日本で実際に起きている人権問題を題材に国際人権法をわかりやすく解説。〝国の管轄下にあるすべての人〟の人権を守るために。**A5判 158頁 1900円**

目取真 俊 著

ヤンバルの深き森と海より《増補新版》

歴史修正、沖縄ヘイト、自然破壊――強権で沖縄の軍事要塞化を進める日本政府に対し、再び本土の〈捨て石〉にはされまいと抵抗する沖縄の名も無き人々の姿を記録。2006〜2019年の間に発表された論考を厳選。新たにインタビュー6篇と対談1篇を増補した新版。**四六判 518頁 3000円**

ロバート＆ジョアナ・コンセダイン 著／中村聡子 訳

私たちの歴史を癒すということ
ワイタンギ条約の課題

ニュージーランドの白人入植者の子孫である著者は、刑務所での先住民族マオリとの出会いから、植民地時代から続く土地の収奪や差別、排除の歴史的不正を正す必要性と責任に気づいていく。解説・上村英明：「歴史を正すことに格闘する――その重要性と難しさ」**四六判 448頁 3200円**

中村一成 著

映画でみる移民／難民／レイシズム

戦争、差別、貧困・格差、植民地主義……歪んだ現実を映画人はどう描き、批判してきたか。『太陽の男たち』、『ブレッド＆ローズ』、『この自由な世界で』、『ライフ・イズ・ビューティフル』、『移民の記憶』、『憎しみ』他、日本の差別状況をもえぐり出す映画評20本。**四六判 318頁 2500円**

梁 英聖 著
（リャンヨンソン）

日本型ヘイトスピーチとは何か
社会を破壊するレイシズムの登場

間断なく続いてきたヘイトクライムの延長にある日本のヘイトスピーチ。在日コリアンを〝難民化〟した〈1952年体制〉、日本型企業社会の差別構造等も俎上にのせ、〈レイシズム／不平等〉を可視化。欧米の取り組みを参照しつつ、日本における反差別規範の確立を提唱する。**四六判 314頁 3000円**

LAZAK（在日コリアン弁護士協会）編／板垣竜太、木村草太 ほか著

ヘイトスピーチはどこまで規制できるか

目の前にあるヘイトスピーチ被害に、現行法はどこまで対処できるのか。「言論・表現の自由」を理由とした法規制慎重論が根強いなか、議論を一歩でも前に進めようと、弁護士・歴史家・憲法学者たちが開いたシンポジウムの記録。その後の座談会の記録他も収録。**四六判 204頁 1700円**

〈価格は税別〉